LES ÉCOLES MILITAIRES EN FRANCE

MANUEL

à l'usage des

ASPIRANTS AUX ÉCOLES MILITAIRES,
AU STAGE QUI DOIT PRÉCÉDER L'EMPLOI D'ÉLÈVE D'ADMINISTRATION,
ET DES MILITAIRES DE TOUS GRADES
CHARGÉS DE LA DIRECTION, DE LA SURVEILLANCE, DE L'ADMINISTRATION
ET DE LA COMPTABILITÉ DES ÉCOLES RÉGIMENTAIRES,

PAR

L. BEAUGÉ,

Capitaine au 3e de ligne, ex-Chef de bataillon au 43e d'infanterie.

NICE

TYPOGRAPHIE ET LIBRAIRIE S. C. CAUVIN ET Cie,
6, *rue de la Préfecture*, 6.

1874

LES

ÉCOLES MILITAIRES

EN FRANCE.

LES

ÉCOLES MILITAIRES

EN FRANCE

MANUEL

à l'usage des

ASPIRANTS AUX ÉCOLES MILITAIRES,
AU STAGE QUI DOIT PRÉCÉDER L'EMPLOI D'ÉLÈVE D'ADMINISTRATION,
ET DES MILITAIRES DE TOUS GRADES
CHARGÉS DE LA DIRECTION, DE LA SURVEILLANCE, DE L'ADMINISTRATION
ET DE LA COMPTABILITÉ DES ÉCOLES RÉGIMENTAIRES,

PAR

L. BEAUGÉ,

Capitaine au 3e de ligne, ex-Chef de bataillon au 43e d'infanterie.

NICE

TYPOGRAPHIE ET LIBRAIRIE S. C. CAUVIN ET Ce,

6, *rue de la Préfecture*, 6.

1874

AVANT-PROPOS.

En attendant que la réorganisation des services administratifs me permette de faire réimprimer mon MANUEL de législation et d'administration militaires, j'ai pensé qu'il serait utile de publier « *le Service militaire en France,* » et « *les Écoles militaires* » :

1° Pour mettre les possesseurs du Manuel au courant des modifications survenues dans la législation militaire depuis 1871 ;

2° Pour vulgariser les lois et les règlements militaires, comme il convient dans un pays de service obligatoire et personnel.

Avec le « Service militaire » chacun connaîtra ses obligations envers l'État, l'enchaînement des différentes opérations des levées annuelles et des appels des différentes catégories du contingent et des réserves, ses droits aux dispenses, etc., surtout les pièces à produire pour la justification du droit et les démarches à faire auprès des autorités compétentes ; on acquerra ainsi une certaine indépendance vis-à-vis de fonctionnaires que de nombreuses occupations ne rendent pas toujours accessibles aux solliciteurs ni aux quêteurs de renseignements.

En outre, toutes les personnes appelées à faire partie de la force publique connaîtront la base de notre organisation militaire, la composition des éléments de nos armées et les destinations qu'ils reçoivent pendant les vingt années que dure le service.

Avec les « Écoles militaires » les jeunes gens qui, trop souvent, étaient découragés par la fausse direction des démarches qu'ils ont à faire et l'ignorance des programmes et des pièces à produire pour se présenter aux examens, pour obtenir des bourses, etc., seront débarrassés de ce souci et pourront préparer leurs études longtemps à l'avance.

Quand chacun saura que les bourses sont dues aux candidats ayant obtenu le meilleur classement et qui justifient de l'insuffisance de leur fortune, le nombre des concurrents augmentera, le choix des examinateurs s'exercera sur un plus grand nombre de sujets, et l'État et l'armée y gagneront des élèves d'une capacité plus grande.

Ce dernier ouvrage sera utile aussi à tous les militaires qui désirent connaître ou étudier l'organisation de l'armée, et notamment à ceux qui sont appelés à diriger, à inspecter ou à administrer les écoles militaires ou les écoles régimentaires, aux chefs des corps de troupe qui doivent présenter des candidats, et aux officiers qui ont à autoriser, à payer ou à contrôler les dépenses.

L. BEAUGÉ.

Je dois à mes camarades l'explication suivante :

— Comment, étant chef de bataillon lors de la dernière édition de mon Manuel, suis-je capitaine aujourd'hui?

— J'avais été nommé chef de bataillon dans un régiment régulier et dans le cas prévu par le paragraphe numéroté 2° de l'article 19 de la loi du 14 avril 1832, après l'accomplissement des formalités prescrites par les articles 101, 102, 104, 105 et 106 de l'ordonnance du 16 mars 1838; ce grade était ma propriété en vertu du 2e alinéa de l'article 24 de ladite loi et de l'article 1er de celle du 19 mai 1834. Cependant, malgré l'article 2 du Code civil, la commission de révision des grades m'a remis capitaine, sans me donner le motif de cette mesure.

Que mes amis se rassurent. Je saisis l'occasion qui m'est offerte ici pour déclarer hautement que je ne dois pas être confondu avec ceux qui avaient engagé leur parole aux Allemands.

Je me suis échappé violemment *des mains de l'ennemi. Pendant sept jours, au risque d'être repris et fusillé comme espion, j'ai parcouru ses lignes, ses cantonnements, ses détachements; travesti en campagnard de Jean de Lize (Moselle), et portant, dans ma ceinture rouge, un pli du drapeau de mon régiment, dans mon gilet, cousus par Madame Hugo, de Saint-Maurice-sous-les-Côtes (Meuse), l'état de mes services et les comptes de ma compagnie.*

J'avais parfaitement le droit de m'échapper ainsi et de reprendre, dès ma rentrée (23 septembre 1870), un service actif contre notre implacable ennemi; ce service a été fait sans interruption aucune et, à partir du 4 novembre 1870, d'abord à la colonne mobile d'Eure-et-Loir, puis au 17e corps d'armée, 1re division, jusqu'à l'armistice, au 16e corps de l'armistice à la paix.

Cela n'est pas une protestation. Je suis trop pénétré du sentiment de la discipline pour ne pas me soumettre à la mesure prise à mon égard ; mais je le dis pour ceux qui ont ri des révisés, et qui, se targuant de l'absence de motifs dans les lettres de rétrogradation, sont toujours disposés aux insinuations rien moins qu'indulgentes.

L. BEAUGÉ.

TABLEAU SYNOPTIQUE.

Pages.

Pages.

ABRÉVIATIONS ET EXPLICATIONS.

A.	*signifie*	arrêté.
A. M.	—	arrêté ministériel.
C. M.	—	circulaire ministérielle.
Cav.	—	cavalerie.
D.	—	décret.
D. I.	—	décision impériale.
D. M.	—	décision ministérielle.
D. P.	—	décision présidentielle.
D. R.	—	décision royale.
I. *ou* Inst.	—	instruction.
Inf.	—	infanterie.
I. prov.	—	instruction provisoire.
J. M.	—	Journal militaire officiel.

J. M. t. III, p. 7. Id. t. III de la nouvelle édit., page 7. La nouvelle édition s'arrête au 31 déc. 1872. Les matières y sont disposées par ordre de date ; il suffira donc de la date du document pour le trouver immédiatement.

J. M. 1-63, 210; *ou simplement* 1-73, 36 ; 2-50, 35, *sont mis pour* : Journal militaire officiel, 1er semestre de l'année 1863, p. 210, etc., etc. Nous avons jugé convenable de citer quelques documents qui n'ont pas été reproduits dans la nouvelle édition dudit recueil. Enfin nous croyons devoir faire observer qu'à partir du 1er janvier 1873, les matières ne sont plus disposées par ordre de date dans le Journal militaire.

L.	*signifie*	loi.
L. M.	—	lettre ministérielle.
Mod.	—	modèle.
N. M.	—	note ministérielle.
O. *ou* Ord.	—	ordonnance.
R. *ou* Règ.	—	règlement.
S. M.	—	solution ministérielle.
V.	—	voyez.

Les numéros placés entre parenthèses ou à la fin de certains alinéas renvoient aux articles correspondants du présent ouvrage. Il conviendra souvent de s'y reporter pour suivre la question dans tout son développement.

LES ÉCOLES MILITAIRES EN FRANCE.

CHAPITRE I.

DE L'INSTITUTION DES ENFANTS DE TROUPE (1)

1. — En voyant l'institution des enfants de troupe comprise dans cet ouvrage, on pourrait supposer qu'ils sont organisés, groupés en écoles ; hâtons-nous de dissiper cette illusion. Cependant ils forment dans chaque corps de troupe une classe à part qui réclame toute la sollicitude des chefs de corps ; une pépinière de musiciens, de secrétaires, de sous-officiers qui exige une direction, une éducation et une instruction spéciales, indépendantes de celles du soldat : ce motif nous a déterminé à les comprendre dans notre travail.

Effectif par corps.

2. — Les enfants de troupe sont répartis dans tous les corps de l'armée; ils sont inscrits sur les registres matricules de ces corps et compris dans l'effectif des compagnies, escadrons ou batteries.

3. — Le nombre en est fixé, savoir :

1° Dans l'infanterie et le train des équipages, à *un* par compagnie, *deux* par compagnie dans les sapeurs-pompiers de Paris, *deux* également par compagnie ou section formant corps. Il peut, en outre, y en avoir *un* par compagnie ou section hors rang ;

2° Dans la cavalerie et l'artillerie, *deux* par escadron ou batterie, *un seul* par peloton hors rang.

Règles d'admission (2).

4. — Sont seuls susceptibles d'être reçus comme enfants de troupe, les fils légitimes des militaires compris dans les deux catégories ci-après, savoir :

1re *catégorie.* — Soldats ou gendarmes, — Caporaux ou brigadiers, — Sous-officiers, — Gardiens de batterie, — Portiers-consignes, — Musiciens et sous-chefs de musique liés au service ou commissionnés, — Ouvriers d'Etat.

2me *catégorie.* — Maîtres ouvriers des corps de troupe liés au service, — Chefs et sous-chefs ouvriers d'Etat, — Chefs armuriers, — Chefs et maîtres artificiers,

(1) D. 22 mai 1858, J. M. t. VIII, p. 523. — D. M. 1er janvier 1869, J. M. p. 3.
(2) D. p. 31 janvier 1873, J. M. p. 135.

— Gardes de l'artillerie, du génie et des équipages, — Adjudants et officiers comptables d'administration, — Aides-vétérinaires et vétérinaires, — Chefs de musique, médecins et pharmaciens sous-aides, aides et majors de 2me classe, — Sous-lieutenants, lieutenants et capitaines.

5. — Les places ne sont concédées aux fils de militaires appartenant à la 2me catégorie qu'à défaut de candidats de la 1re. De plus, dans chaque catégorie, les fils des militaires décédés au corps ou lui appartenant doivent être préférés aux fils des autres militaires en activité ou retirés du service. Dans tous les cas, le nombre des places d'enfants de troupe concédées aux fils des militaires de la 2me catégorie ne peut jamais dépasser le tiers du complet déterminé, et ces militaires ne peuvent obtenir l'admission que d'un de leurs enfants. Toutefois, lorsque, par avancement, ils passent de la 1re catégorie dans la 2me, leurs enfants déjà admis conservent leurs places. — 6.

Les fils des militaires retirés du service ne sont aptes à concourir pour les places d'enfants de troupe qu'autant que leurs pères sont en possession d'une pension de retraite ou d'une pension de réforme pour infirmités, ou comptent au moins neuf ans de services effectifs.

Les enfants des gagistes sont exclus d'une manière absolue.

Les enfants ayant leur père et leur mère au corps peuvent être admis à l'âge de deux ans. Les autres ne sont admis qu'à dix ans révolus; toutefois, les fils légitimes des militaires de la 1re catégorie peuvent, lorsque ceux-ci sont détachés de leur corps ou en résidence fixe, être admis comme enfants de troupe avant l'âge de dix ans, dans les régiments ou portions de régiments stationnés dans la ville ou à proximité du lieu où ces militaires exercent leurs fonctions. Cette exception s'étend :

1° Aux fils de tous les militaires de la 1re catégorie, mais seulement pour l'admission dans les corps de troupes de l'artillerie, du génie et des équipages stationnés dans la localité où ils sont en résidence fixe. (*N. M.* 28 *janvier* 1864, *J. M. t. X*);

2° Aux officiers employés dans le service du recrutement, pour l'admission de leurs fils légitimes dans toute espèce de corps de troupe, pourvu que le corps qu'ils recherchent soit stationné dans le lieu où ces officiers remplissent leurs fonctions. (*D. M.* 23 *octobre* 1872, *J. M. p.* 445.)

6. — Les chefs de corps proposent l'admission, qui est prononcée, savoir :

Par les généraux divisionnaires, à l'égard des fils des militaires de la 1re catégorie ;

Par le Ministre, pour les autres.

Exception. — A l'égard des sections de troupes de l'administration, la proposition d'admission est faite par l'officier d'administration commandant et annotée par le sous-intendant. L'intendant militaire prononce l'admission. En principe, les places sont exclusivement réservées aux enfants des militaires de la section où se produisent les vacances. Cette disposition concerne également la gendarmerie. (*D. M. 2 août 1855, J. M. t. VI, p.* 660 *et art.* 17 *de l'inst. du* 17 *septembre* 1863, *J. M. t. X.*).

7. — Le mémoire de proposition est établi en double expédition pour les fils des militaires de la 1re catégorie, et en simple expédition pour les autres (*C. M.* 27 *mai* 1858, *J. M. t. VIII : v. modèle, p.* 528.) Des copies, certifiées par le chef de corps, de l'état des services du père, de l'acte de naissance de l'enfant et de l'acte de mariage des parents, et un certificat de médecin militaire constatant que l'enfant est sain et vacciné, sont joints à l'état de proposition. Sur le mémoire de proposition établi pour le fils d'un militaire de la 2me catégorie, le chef de corps doit indiquer que le candidat n'a pas de frère enfant de troupe dans un autre corps de l'armée. (*V. l'art.* 29 *de l'inst. du* 7 *juin* 1873, *J. M. p.* 784.)

Instruction, police et discipline.

8. — Les enfants de troupe de chaque corps sont divisés en deux classes : la première comprend ceux qui sont âgés de moins de dix ans ; la seconde ceux qui ont passé cet âge.

9. — Jusqu'à ce qu'ils aient accompli leur 10me année, les enfants de la première classe demeurent avec leurs parents. Ceux de la seconde classe sont placés sous la direction du major et la surveillance de l'officier chargé de l'école régimentaire, auquel le chef de corps adjoint le secrétaire des écoles ou tout autre sous-officier ou caporal. Ils occupent dans la caserne une chambre séparée, où couche le sous-officier ou le caporal chargé de leur surveillance. Ils suivent les cours de l'école régimentaire.

Toutefois, les enfants de troupe jouissant de demi ou de trois quarts de bourse dans un établissement quelconque d'instruction, ont la faculté de ne rejoindre leur corps qu'à l'âge de 14 ans seulement. (*N. M.* 15 *janvier* 1862, *J. M. t. IX p.* 440.) — *V.* 13.

10. — Aussitôt que les enfants de troupe ont atteint leur 14me année, ils sont tenus, suivant leur aptitude, de servir comme tambours, clairons ou musiciens, ou de travailler dans les bureaux ou les ateliers du corps. Après 14 ans, nul enfant n'est admis qu'à cette condition.

Les enfants de troupe des compagnies de discipline doivent passer dans un corps organisé sous le titre de bataillon ou de régiment, dès qu'ils ont atteint l'âge de 14 ans, pour y être employés comme il vient d'être dit. (1-66, 405, 406, *art.* 32).

11. — Les enfants de troupe au-dessous de 14 ans sont admis à prendre des leçons de musique, sans, toutefois, être classés comme musiciens. — 13.

12. — En cas de mobilisation du corps, ceux âgés de moins de 14 ans restent au dépôt.

Lors des changements de garnison, les enfants de troupe suivent leur corps, à l'exception de ceux âgés de moins de dix ans dont les parents ne sont pas au corps. Ceux-ci sont alors laissés en subsistance dans la ville où réside leur famille ; ils ne cessent pas de compter au corps où ils ont été admis, et ils doivent le rejoindre aussitôt leur dixième année d'âge accomplie.

Radiation de l'effectif.

13. — Sont rayés des contrôles et rendus à leur famille :

1° Les enfants qui obtiennent une bourse entière du gouvernement, dans un lycée, collége ou autre établissement quelconque d'instruction (*D. M.* 28 *octobre* 1861, *J. M. t. IX p.* 313) et ceux qui sont admis musiciens dans la garde républicaine, parce qu'ils doivent recevoir une commission de musiciens artistes civils. (*S. M. man. adressée à l'intendant de la* 22° *division militaire, le* 23 *novembre* 1861);

2° Les enfants âgés de 14 ans qui refusent ou sont incapables de faire le service qui leur est imposé ;

3° Ceux âgés de 10 ans et plus, qui refusent de suivre ou de rejoindre leur corps ;

4° Les enfants incorrigibles ou qui ont subi une condamnation correctionnelle.

14. — Quand un enfant de troupe paraît ne pas pouvoir être maintenu sur les contrôles pour l'un des motifs énoncés ci-dessus, §§ 2°, 3°, 4°, il doit en être référé au Ministre, qui prononce. (*N. M.* 1er *juillet* 1869, *J. M. p.* 14.)

15. — Les enfants de troupe rayés des contrôles d'un corps ne sont plus susceptibles d'être réadmis dans un autre ; toutefois, ils peuvent changer de corps comme les soldats. (1-73, 785, art. 29.) — (1).

16. — Les enfants de troupe jouissent du bénéfice de leur position jusqu'à l'âge de 18 ans. — 13,

Lorsqu'ils réunissent les conditions d'aptitude exigées, les enfants de troupe sont toujours admis, quelle que soit la situation de l'effectif, à s'engager au titre du corps auquel ils appartiennent, excepté, toutefois, la gendarmerie : les restrictions concernant l'admission des enrôlés volontaires ne leur sont jamais opposées. (1-36, 197.)

Dispositions spéciales aux enfants de troupe de la gendarmerie (2).

17. — Les enfants de troupe de la gendarmerie départementale sont, à dater de l'âge de 10 ans, placés en subsistance dans les régiments de troupes de ligne, auxquels chaque compagnie de gendarmerie rembourse la valeur des prestations. — 19.

Ces enfants ne suivent pas, dans leurs mouvements, le corps où ils ont été mis en subsistance ; jusqu'à ce qu'ils aient atteint l'âge de contracter un engagement volontaire, ils sont successivement versés dans celui qui vient occuper la garnison.

---

(1) Le chef du nouveau corps constate, dans son consentement, qu'une place est réservée à l'enfant.

(2) A. M. 16 juillet 1852. 27 nov. 1852, J. M. t. V.

18. — Les enfants ainsi placés momentanément dans les régiments de ligne, y sont soumis au même régime que les autres. Toutefois, ceux qui montrent une aptitude spéciale pour la comptabilité peuvent, sans changer de position et sans cesser de suivre les cours de l'école régimentaire, être employés à partir de l'âge de 14 ans, dans les bureaux du trésorier de gendarmerie résidant dans la localité.

19. — Les compagnies de gendarmerie comprennent dans leurs états de paiement et dans leurs revues, les enfants de troupe placés en subsistance dans un corps d'infanterie, et elles versent entre les mains des trésoriers des régiments le montant des diverses allocations en argent dues à ces enfants.

20. — Il importe que les compagnies de gendarmerie soient informées de toutes les mutations qui surviennent parmi leurs enfants de troupe.

CHAPITRE II.

DU PRYTANÉE MILITAIRE (1).

Objet de l'institution.

21. — L'institution du Prytanée a pour objet de donner à des fils de militaires des armées de terre et de mer une éducation qui les prépare spécialement à la carrière militaire et puisse, exceptionnellement, leur ouvrir l'accès d'autres carrières. — 67. 96.

Admission.

22. — L'Etat entretient au Prytanée quatre cents élèves : 300 gratuitement, 100 comme demi-boursiers.

Le Prytanée reçoit en outre des élèves-pensionnaires entretenus en entier aux frais des familles.

23. — Les places gratuites ou demi-gratuites sont réservées exclusivement : 1° pour des fils d'officiers servant encore ou ayant servi dans les armées; 2° pour les fils de sous-officiers morts au champ d'honneur.

Elles sont accordées de préférence aux orphelins de père et de mère, et subsidiairement aux enfants à la charge de leurs mères, dans l'ordre ci-après :

1° Aux orphelins dont les pères ont été tués au service ou sont morts de blessures reçues à la guerre.

2° Aux orphelins dont les pères sont morts au service, ou après l'avoir quitté avec une pension de retraite ;

3° Aux enfants dont les pères ont été amputés ou sont restés estropiés par suite de blessures reçues à la guerre.

24. — Le prix de la pension est de 850 fr. ; celui de la demi-pension, de 425 fr. ; celui du trousseau, de 400 fr. Ces sommes doivent être versées en numéraire dans la caisse du receveur de l'arrondissement où se trouve domiciliée la famille. — 31.

Les familles doivent verser en outre la somme de 25 fr. dans la caisse du conseil d'administration du Prytanée, pour subvenir au paiement des pertes ou dégradations provenant de la faute des élèves et mises à leur charge.

Les familles des élèves gratuits ou demi-gratuits paient le trousseau, comme celles des pensionnaires.

Les familles qui, se trouvant hors d'état de payer la pension, voudraient faire valoir leurs titres à l'obtention d'une place gra-

(1) D. 8 novembre 1859, J. M. t. VIII, p. 827. — I. 5 décembre 1871, J. M. 1-72, 23.

tuite ou demi-gratuite, doivent justifier que l'enfant qu'elles présentent comme candidat remplit les conditions suivantes :

1° Qu'il est né Français ;
2° Qu'il aura plus de dix ans et en comptera moins de douze à l'époque unique des admissions, fixée au 1er octobre de chaque année.

25. — Toute demande d'admission gratuite doit être instruite et transmise au Ministre de la guerre, avant le 1er juillet, par le préfet du département dans lequel le pétitionnaire a son domicile. S'il s'agit du fils d'un officier en activité de service, en disponibilité ou en non-activité, un double de la demande remise au préfet, est adressé par la voie hiérarchique, au général commandant la division, chargé de donner des renseignements sur la manière de servir et les titres de l'officier.

Chaque demande remise au préfet doit être accompagnée des pièces indiquées ci-après :

1° L'acte de naissance de l'enfant dûment légalisé ;
2° Une déclaration d'un docteur en médecine ou en chirurgie, attaché à un hospice civil ou à un hôpital militaire, dûment légalisée, et constatant que l'enfant a eu la petite vérole ou qu'il a été vacciné, et qu'il n'est atteint ni d'affection chronique ni de maladie contagieuse ;
3° Un certificat de bonne conduite, délivré par le chef de l'établissement où le candidat a commencé ses études, et indiquant s'il a déjà suivi des cours primaires ou secondaires, et quelle est sa force relative ;
4° Un état authentique des services du père du candidat ;
5° Un relevé du rôle des contributions et un certificat délivré par le maire du lieu du domicile de la famille, énonçant exactement les moyens d'existence, le nombre d'enfants et les autres charges des parents. Si le père fait encore partie d'un corps de troupe, ce certificat est délivré par le conseil d'administration.

Le préfet provoque une déclaration du conseil municipal constatant que la famille est sans fortune et qu'elle est dans le cas d'obtenir soit la bourse entière, soit la demi-bourse. Cette déclaration, accompagnée de l'avis particulier du préfet, est jointe à la demande transmise au Ministre. — 107.

26. — Les élèves pensionnaires peuvent être admis au-dessus de l'âge de douze ans, pourvu, toutefois, qu'ils n'aient pas accompli l'âge de quatorze ans au 1er octobre de l'année courante.

Pour l'admission d'un pensionnaire on doit, indépendamment de l'acte de naissance de l'enfant, de la déclaration d'un docteur en médecine et du certificat de bonne conduite mentionnés aux paragraphes 1°, 2° et 3° qui précèdent, produire, à l'appui de la demande, un certificat du maire de la résidence de la famille, visé par le préfet, et constatant qu'elle est en état de payer la pension. — 31.

27. — Tous les enfants dont l'admission est demandée, soit à titre d'élèves gratuits, soit à titre de pensionnaires, doivent, sans exception, subir, dans les quinze premiers jours de juillet, un examen, pour faire constater leur degré d'instruction, devant les jurys départementaux chargés d'examiner les enfants portés comme candidats aux bourses dans les lycées.

A cet effet, les familles doivent faire inscrire leurs enfants, du 15 au 30 juin, à la préfecture du département où elles résident, afin de les présenter devant le jury au moment de l'ouverture du concours.

28. — Les préfets des départements transmettent dans le courant de juillet au Ministre de la guerre un extrait de la liste des admissibles constatant le nombre de points obtenus par chaque candidat. Ils y joignent les compositions avec les textes, ainsi que la liste des candidats déclarés inadmissibles.

29. — Les enfants nommés élèves sont présentés au commandant du Prytanée dans le délai déterminé par la lettre que le Ministre de la guerre adresse aux familles pour leur donner avis des nominations.

30. — A leur arrivée, les élèves sont soumis à une visite des officiers de santé de cet établissement, appelés à examiner si rien ne s'oppose à leur admission sous le rapport de la constitution physique.

31. — Nul élève ne peut, d'ailleurs, être reçu au Prytanée, si la famille ne justifie du paiement du trousseau et ne remet au commandant une promesse sous seing privé, dans la forme indiquée par l'article 1326 du Code civil, par laquelle son père, sa mère ou son tuteur s'engage à verser, dans une des caisses de l'Etat, par trimestre et d'avance, le montant de la pension, si l'élève est pensionnaire, ou de la demi-pension, s'il a obtenu une demi-place gratuite.

32. — PROGRAMME DES CONNAISSANCES EXIGÉES.

Connaissances exigées des élèves, gratuits ou pensionnaires, ayant moins de onze ans au 1er octobre de l'année du concours, pour l'admission dans la classe de septième.

Celles qui sont nécessaires pour satisfaire aux épreuves écrite et orale ci-après :

Épreuve écrite.

Exercice d'orthographe française jusqu'à la syntaxe. Thème latin sur les déclinaisons et les conjugaisons.

Épreuve orale.

Lecture à haute voix. Interrogations sur la grammaire française; sur la grammaire latine (déclinaisons et conjugaisons) ; sur la pratique des quatre règles (nombres entiers) ; sur l'histoire sainte, sur la géographie générale (notions élémentaires). Explication d'un passage choisi dans les vingt premiers chapitres de l'*Epitome historiæ sacræ.*

Connaissances exigées des élèves, gratuits ou pensionnaires, ayant onze ans révolus au 1er octobre de l'année du concours, pour l'admission dans la classe de sixième.

Celles qui sont nécessaires pour satisfaire aux épreuves écrite et orale ci-après :

Épreuve écrite.

Dictée d'orthographe.
Thème latin de la force de la classe de septième.

Épreuve orale.

Lecture à haute voix. Interrogations sur la grammaire française et exercices d'analyse ; sur la grammaire latine (*premiers éléments et commencement de la syntaxe jusqu'aux questions de lieu*); sur le système légal des poids et mesures; sur l'histoire de France (*notions élémentaires*); sur la géographie de la France (*notions élémentaires*); explications d'un passage tiré du *De viris illustribus Romæ*.

Connaissances exigées des élèves pensionnaires ayant douze ans révolus au 1er octobre de l'année du concours, pour l'admission dans la classe de cinquième.

Celles qui sont nécessaires pour satisfaire aux épreuves écrite et orale ci-après :

Épreuve écrite.

Thème latin et version latine de la force de la classe de sixième.

Épreuve orale.

Interrogations sur la grammaire française; sur la grammaire latine (*syntaxe, premières règles de la méthode jusques et y compris les adverbes de quantité*); sur la grammaire grecque (*déclinaisons et conjugaisons jusqu'au chapitre consacré à l'aoriste second*); sur l'histoire ancienne (*première partie, histoire de l'Orient*); sur la géographie physique du globe et la géographie générale de l'Asie moderne. Exercices de calcul au tableau. Explication d'un passage tiré du *Selectæ e profanis scriptoribus historiæ*. Explication d'un passage tiré des *Fables d'Esope*. Langue allemande : lecture, écriture ; quelques notions sur les déclinaisons et sur la conjugaison des trois verbes auxiliaires.

Connaissances exigées des élèves pensionnaires, ayant treize ans révolus au 1er octobre de l'année du concours, pour l'admission dans la classe de quatrième.

Celles qui sont nécessaires pour satisfaire aux épreuves écrite et orale ci-après.

Épreuve écrite.

Thème latin et version latine de la force de la classe de cinquième.

Épreuve orale.

Interrogations sur la grammaire française ; sur la grammaire latine (*syntaxe et méthode*) ; sur la grammaire grecque (*déclinaisons, conjugaisons, syntaxe générale*); sur l'histoire ancienne (*deuxième partie, histoire de la Grèce*); sur la géographie générale de l'Europe et de l'Afrique modernes. Exercices de calcul au tableau. Explication d'un passage tiré des *Métamorphoses d'Ovide*. Explication d'un passage tiré des *Dialogues des Morts de Lucien*. Langue allemande : lecture, écriture, notions élémentaires sur les déclinaisons, les conjugaisons et les principales règles de la construction.

Personnel.

33. — *Le personnel du commandement* comprend un général ou un colonel, commandant et directeur des études ;

Un lieutenant-colonel ou un chef de bataillon commandant en second ;

Un capitaine ;

Quatre lieutenants ou sous-lieutenants, dont un est chargé de diriger les exercices gymnastiques ;

Un garde du génie ;

Un certain nombre de sous-officiers, suivant les besoins du service.

Le personnel de l'enseignement est composé exclusivement de civils nommés par le Ministre de la guerre sur la présentation du Ministre de l'instruction publique. Un membre de l'Université, sous le titre d'inspecteur des études, seconde le commandant du Prytanée.

Celui du culte est composé d'un aumônier et d'un chapelain, nommés par le Ministre de la guerre.

Le service de santé est confié à un chirurgien-médecin civil, assisté, au besoin, d'un médecin consultant et de sœurs de charité.

Le personnel administratif comprend un conseil d'administration composé :

Du commandant du Prytanée, président ;
Du commandant en second ;
De l'inspecteur des études ;
Du sous-préfet de la Flèche, faisant fonctions de sous-intendant militaire ;
Du trésorier, officier d'administration du service des hôpitaux.

Le trésorier a pour adjoint un adjudant d'administration. Il est secondé, en outre, par des agents subalternes nommés par le commandant du Prytanée sur la proposition du conseil.

Régime.

34. — Les grands élèves, formant le 1er bataillon, sont seuls soumis au régime militaire.

Les plus jeunes élèves, formant le 2e et le 3e bataillon, sont soumis à un régime analogue à celui des établissements universitaires.

35. — L'instruction est donnée à tous d'après le plan des études des lycées.

Les élèves complètent au Prytanée leur éducation religieuse.

36. — Ils quittent l'établissement à la fin de l'année scolaire pendant laquelle ils ont accompli leur dix-neuvième année.

Administration et comptabilité.

37.—Le conseil d'administration est chargé de la gestion du Prytanée. L'intendance militaire exerce la surveillance administrative de cet établissement d'après les règles déterminées pour l'administration des corps de troupe.

38. — Les règlements sur la comptabilité du département de la guerre doivent être suivis pour la justification de toutes les dépenses du Prytanée à la charge du budget de ce département. (*V. chap. XIII ci-après.*)

CHAPITRE III.

DE L'ECOLE DE CAVALERIE (1).

Objet de l'institution.

39. — L'Ecole de cavalerie a été instituée à Saumur en vue :

1° De compléter et perfectionner l'instruction des lieutenants de cavalerie désignés pour en suivre les cours.

2° De poursuivre l'instruction des élèves de la section de cavalerie de l'Ecole spéciale militaire;

3° De donner à un certain nombre de sous-officiers aspirant à l'épaulette la somme de connaissances que tout officier de cavalerie doit posséder;

4° De former des instructeurs appelés à reporter dans leurs régiments les méthodes d'instruction reconnues les meilleures;

5° De former un certain nombre de sous-officiers capables et bons instructeurs;

6° Enfin, d'initier au service régimentaire les aides-vétérinaires stagiaires nouvellement promus.

Admission.

40. — L'Ecole reçoit :

1° Des officiers d'instruction de cavalerie, d'artillerie et des trains appelés à l'école pendant un an, à dater du 15 octobre de chaque année. Les premiers sont choisis parmi les lieutenants proposés à cet effet chaque année par les inspecteurs généraux et qui remplissent, au point de vue de l'instruction générale et militaire, de l'éducation et de l'ancienneté de grade, les conditions voulues pour pouvoir, le cas échéant, obtenir le grade de capitaine au moment de leur sortie de l'Ecole. Ceux de l'artillerie et des trains sont envoyés à Saumur dans le but d'y acquérir les connaissances militaires et équestres qui leur sont nécessaires comme instructeurs d'équitation et de conduite de voiture; ils forment une division distincte. Les officiers d'instruction appartenant à des régiments remontés en chevaux hongres sont *seuls* envoyés montés à Saumur ; ceux de ces officiers appartenant à des régiments remontés en chevaux entiers reçoivent un cheval d'armes à l'Ecole. Les uns et les autres emmènent un cavalier de 2e classe *non monté* pour leur servir d'ordonnance. Ce cavalier est placé dans l'un des deux escadrons de l'Ecole. Les chevaux emmenés par les officiers d'instruction doivent avoir six ans faits. Ils sont transportés par les voies ferrées pour l'aller et pour le retour ;

2° Des officiers-élèves (sous-lieutenants sortant de Saint-Cyr), appelés à l'Ecole pendant un an à dater du 1er novembre, pour y continuer leurs études;

3° Des sous-officiers de cavalerie, élèves-officiers, appelés pendant 18 mois, du 1er avril au 30 septembre de l'année suivante. Ils sont désignés par une commission de classement instituée à

(1.) R. M. 30 août 1873, J. M. p. 153. — C. M. 30 août 1873, J. M. partie supp. p. 102.

l'Ecole et ensuite de la proposition des inspecteurs généraux d'armes ;

4° Des engagés conditionnels d'un an, rengagés pour une nouvelle année dans le but d'obtenir le brevet de sous-lieutenant auxiliaire dans l'arme de la cavalerie. Ces élèves, qui ont le grade de maréchal-des-logis ou de brigadier, sont, pendant la durée de leur séjour à l'Ecole de cavalerie, *détachés* de leur régiment. A la fin du cours ils sont renvoyés dans leurs foyers. (*C. m.* 5 *mars* 1874, *J. M. partie supplémentaire, p.* 246.)

5° Des sous-officiers, élèves-instructeurs d'artillerie et des trains, appelés pendant un an, à dater du 15 octobre de chaque année, ensuite de la désignation qu'en font les inspecteurs généraux, à raison de un par régiment;

6° Des cavaliers élèves-sous-officiers appelés pendant 18 mois. Des jeunes gens de la classe civile peuvent être admis à la suite d'examens et d'un engagement volontaire. Les examens sont passés à Saumur du 21 au 22 mars et du 21 au 22 septembre de chaque année, devant une commission composée :

Du commandant en second de l'Ecole, *président*.
Du chef d'escadron, professeur de topographie et d'art militaire. } *membres*.
De deux capitaines instructeurs ou professeurs.......................... }
Du capitaine trésorier, *secrétaire*.

Le candidat doit justifier :

Qu'il sait parler et écrire correctement la langue française;

Qu'il possède des notions générales de géographie; — des notions générales d'histoire de France, plus spécialement pendant la période moderne, depuis Louis XIV jusqu'à nos jours; — l'arithmétique élémentaire, y compris les fractions ordinaires et décimales, les proportions et le système métrique; — les éléments de la géométrie plane. L'engagement est contracté après l'examen et dans les formes ordinaires. Toutefois, le candidat doit avoir la taille de 1 m. 64, 1 m. 60 au moins, s'il justifie d'une grande aptitude pour l'exercice du cheval, et l'admission à l'Ecole est subordonnée au versement d'une somme de 300 fr., entre les mains du receveur particulier de Saumur pour le compte du Trésor public. Les cours commencent le 1er avril et le 1er octobre de chaque année.

7° Les aides-vétérinaires stagiaires, pendant un an, à partir du 15 octobre de chaque année. Tous les aides-vétérinaires nouvellement promus doivent faire ce stage à Saumur. — 90.

41. — L'Ecole de cavalerie reçoit aussi, à des époques et pendant une durée fixées par des instructions spéciales, des officiers de gendarmerie sortant de l'arme de l'infanterie, ou provenant des sous-officiers de l'arme à pied. — 43.

42. — Les matières d'enseignement ainsi que les exercices pratiques sur lesquels doivent rouler les différents cours sont détaillés dans des programmes insérés au J. M. 2 - 73, p. 176 et suiv., et qui varient en raison de la spécialité des professeurs ou des élèves. (*V. art.* 6 *et suiv. du règlement du* 30 *août* 1873, *J. M. p.* 155).

43.— L'Ecole de cavalerie comprend sous le titre d'annexes :

1° Une école de maréchalerie dont les cours durent deux ans. Cette annexe est recrutée par des ouvriers en fer provenant des contingents annuels, et par des maréchaux ferrants provenant des régiments. L'effectif des élèves est déterminé chaque année par le Ministre ;

2° Une école de dressage qui a pour but de mettre à la disposition des élèves toutes les facilités désirables au point de vue du dressage des chevaux. Cette annexe reçoit directement des dépôts de remonte un certain nombre de jeunes chevaux de tête. Ces chevaux une fois dressés par les élèves, sont exclusivement réservés pour la remonte des officiers d'état-major et sans troupe; mais ils peuvent aussi, sur la proposition de l'inspecteur général, être versés à l'Ecole, en échange d'un pareil nombre de chevaux de cette catégorie en service depuis un an, et qui, ayant sept, huit ou neuf ans d'âge, sont jugés les plus propres à remonter les officiers d'état-major ou sans troupe. Les chevaux difficiles des régiments peuvent également être envoyés dans cette annexe pour y être soumis à un nouveau dressage méthodique, et servir ainsi de sujets d'études plus particulièrement aux cavaliers élèves sous-officiers.

44. — La mise en route des diverses catégories d'élèves s'effectue sur l'ordre des généraux commandant les divisions territoriales ou actives, aussitôt que le Ministre leur a fait connaître le nom des candidats désignés pour se rendre à Saumur.

Des personnels.

45. — L'Ecole est commandée par un général de brigade qui a pour second un colonel ou lieutenant-colonel.

Le personnel administratif se compose de :

1 major ;
1 capitaine d'habillement ;
1 capitaine trésorier ;
1 lieutenant ou sous-lieutenant porte-étendard et adjoint à l'habillement ;
1 lieutenant ou sous-lieutenant adjoint au trésorier ;
7 commis d'administration (civils) dont un secrétaire du général.

Les personnels d'instruction ou d'enseignement, médical, vétérinaire, etc., sont composés, d'après le tableau inséré dans le règlement précité (42). Leurs attributions sont détaillées dans ce même règlement. Celles des officiers comptables sont les mêmes que dans un corps de troupe.

De l'administration.

46. — L'administration de l'Ecole est exercée par un conseil composé :

Du commandant de l'Ecole, *président* ;
Du commandant en second .... }
D'un chef d'escadrons .... }
Du major, *rapporteur* .... } *membres.*
De deux capitaines .... }
De l'officier d'habillement .... }
Du trésorier, *secrétaire*.

47. — La comptabilité est tenue, d'après les prescriptions applicables aux corps de troupe, en distinguant les dépenses qui concernent l'Ecole considérée comme établissement d'instruction, de celles relatives à l'Ecole considérée comme corps de troupe. Les premières sont acquittées sur les fonds du chapitre affecté aux écoles militaires dans le budget de la guerre ; les secondes sont acquittées sur les fonds généraux de la solde et des autres services de l'armée auxquels elles s'appliquent. (*V. chap.* XIII *ci-après.*)

48. — Les hommes de troupe, excepté les engagés d'un an rengagés, arrivent à l'Ecole porteurs de tous leurs effets, sauf le fusil qu'ils laissent à leur corps. Les effets dont le remplacement doit être effectué dans le courant du trimestre, leur sont délivrés avant leur départ du corps ; quant à ceux qui pourraient être dûs par la suite, ils sont expédiés au conseil d'administration de l'Ecole, successivement de trimestre en trimestre ; les chefs de corps joignent à ces envois les matières nécessaires pour la transformation du pantalon d'ordonnance des sous-officiers en pantalon de cheval.

Les engagés conditionnels rengagés pour un an ne doivent apporter à l'Ecole que leurs effets d'habillement (sauf le casque ou le schako) et ceux de petit équipement, de pansage et de petite monture. L'Ecole leur délivre les armes et les effets de grand équipement nécessaires à leur instruction. (*J. M. partie supp.* 1-74, 246.)

49. — Les corps font parvenir directement au conseil d'administration de l'Ecole, savoir :

Pour tous les militaires, le feuillet matricule, le feuillet de punitions et un état présentant la situation des fonds de la masse individuelle ;

Pour chaque sous-officier élève, un récépissé de versement au Trésor de la somme de 250 francs, pour son entretien à Saumur. Cette somme est prélevée sur les fonds de la masse de harnachement et ferrage. Le récépissé doit être visé par le sous-préfet ou le préfet et par le sous-intendant militaire. (*J. M.* 1-38, 676 ; 1-61, 119 ; *t. V, p.* 562 ;)

Enfin, *pour les officiers montés*, le feuillet matricule du cheval. (*C. M.* 30 *août* 1873, *J. M. partie supp. p.* 102.)

50. — L'intendance militaire est chargée de la surveillance administrative de l'Ecole ; elle l'exerce d'après les règles déterminées pour l'administration des corps de troupes à cheval.

51. — Les différentes catégories en homme de troupe forment, pour la solde et pour le service, deux escadrons.

52. — Tous les élèves, à l'exception des vétérinaires stagiaires et des cavaliers élèves sous-officiers, continuent de compter dans leurs corps respectifs, d'où ils sont considérés comme détachés ; ils conservent la tenue de leur corps, sauf pour le manége, qui comporte une tenue spéciale.

Les officiers élèves ne comptent que pour ordre dans leurs régiments. Ils portent à Saumur l'uniforme de l'Ecole, mais sans les aiguillettes.

Les officiers du cadre constitutif ne cessent pas de compter dans leur arme.

De la sortie des élèves.

53. — Les officiers d'instruction de la division de cavalerie qui ont satisfait aux examens peuvent être l'objet de propositions d'avancement au tour du choix.

54. — Les officiers élèves sont appelés, dans l'ordre de leur classement, à choisir le régiment où ils désirent définitivement servir, sous la réserve de la condition d'aptitude appréciée par l'Inspecteur général. Ceux qui ne satisfont pas aux examens de sortie peuvent être mis en non-activité pendant un an. Ils sont ensuite rappelés à l'Ecole, et ceux qui, à la fin de ce deuxième cours, ne satisferaient pas encore à ces examens, sont déférés à un conseil d'enquête pour que, s'il y a lieu, leur mise en réforme soit prononcée.

55. — Les sous-officiers de cavalerie élèves officiers qui satisfont, avec la note *bien*, aux examens de sortie, sont nommés sous-lieutenants ou inscrits en tête du tableau d'avancement.

56. — Les cavaliers élèves sous-officiers subissent des examens semestriels à la suite desquels ils peuvent être, s'il y a lieu, promus brigadiers, et dans la proportion du tiers au 2e examen, sous-officiers. L'expulsion peut être prononcée à l'égard de tout élève qui, après trois mois de présence, commet des fautes graves.

57. — Les élèves de l'Ecole de maréchalerie qui ont obtenu les premiers numéros sont de préférence désignés pour les emplois vacants dans les écoles et les établissements de remonte.

CHAPITRE IV.

DE L'ÉCOLE DU SERVICE DE SANTÉ MILITAIRE (1).

58. — Depuis la perte de Strasbourg, cette école n'a été organisée que partiellement et comme une sorte d'annexe de l'école spéciale d'application du Val-de-Grâce. — *V.* 67.

Objet.

59. — L'Ecole du service de santé militaire, instituée au Val-de-Grâce, près la faculté de médecine de Paris et l'école supérieure de pharmacie de la même ville, a pour objet de former des médecins et des pharmaciens sous-aides qui, après quatre mois de stage et d'instruction complémentaire pratique et spéciale à l'Ecole d'application (V. chap. VIII ci-après), et avoir satisfait aux examens de sortie, sont nommés aides-majors de 2e classe. — 203.

Recrutement des élèves du service de santé militaire.

60. — Nul n'est admis élève que par voie de concours.

Le concours est public et a lieu tous les ans. Le Ministre de la guerre en détermine les règles; chaque année, avant le 1er mai, il arrête et fait publier le programme des matières sur lesquelles doivent porter les examens, ainsi que l'époque de l'ouverture de ces examens. — 64.

61. — Les examinateurs, au nombre de cinq, choisis parmi les médecins et les pharmaciens militaires, sont nommés tous les ans par le Ministre.

62. — Sont admis à concourir :

Pour les emplois d'élève en médecine : 1° Les étudiants pourvus des deux diplômes de bachelier ès-lettres et de bachelier ès-sciences complet ou restreint; — 2° les étudiants ayant 4, 8 et 12 inscriptions valables pour le doctorat, et ayant subi avec succès les examens de fin d'année correspondant au nombre de leurs inscriptions.

Pour les emplois d'élève en pharmacie : 1° Les étudiants pourvus du diplôme de bachelier ès-sciences complet ; — 2° Les étudiants ayant 4 ou 8 inscriptions pour le titre de pharmacien de 1re classe, et ayant subi avec succès les examens trimestriels.

63. — Les autres conditions sont les suivantes :

1° Être né ou naturalisé Français ;

2° Avoir eu au 1er janvier de l'année du concours plus de 17 ans et moins de 21 ans (élèves sans inscriptions) ; moins de 22 ans (élèves à 4 inscriptions) ; moins de 23 ans (élèves à 8 inscriptions); et moins de 24 ans (élèves à 12 inscriptions) ;

3° Avoir été reconnu apte à servir activement dans l'armée, aptitude qui est

---

(1) D. p. 5 octobre 1872, J. M. p. 399.

justifiée par un certificat d'un médecin militaire du grade de major au moins. Cette aptitude peut être vérifiée, au besoin, par le jury d'examen;

4° Souscrire un engagement d'honneur de servir activement dans le corps de santé militaire pendant dix ans au moins, à dater de l'admission au grade d'aide-major de 2e classe.

64. — Avant l'ouverture des examens et à l'époque fixée par les programmes, les candidats doivent requérir leur inscription sur une liste ouverte à cet effet dans les bureaux des intendants militaires des divisions dont les chefs-lieux sont compris dans l'itinéraire du jury d'examen.

65. — Au terme de ses opérations le jury d'examen dresse la liste, par ordre de mérite, des candidats admissibles.

66. — Ceux-ci reçoivent du Ministre, dans la proportion déterminée par les besoins du service, une commission d'élève du service de santé militaire, et sont classés en deux catégories.

67. — Les élèves classés dans la 1re catégorie, c'est-à-dire ceux qui ont moins de douze inscriptions en médecine ou de huit inscriptions en pharmacie, sont répartis, suivant leur convenance, entre douze villes principales y compris Paris, qui possèdent à la fois une faculté de médecine et une école supérieure de pharmacie, ou une école préparatoire de médecine et de pharmacie et un hôpital militaire ou des salles militaires dans un hospice civil. Attachés à l'hôpital militaire sous les ordres et la surveillance du médecin en chef, ils concourent à l'exécution du service médical et pharmaceutique; en même temps ils suivent les cours et travaux pratiques de la faculté, ou de l'école supérieure de pharmacie, ou de l'école préparatoire, et y subissent les divers examens aux époques et dans la forme déterminées par la législation en vigueur.

Ces élèves ne portent pas d'uniforme et ne reçoivent aucune solde. Toutefois ceux d'entre eux qui ont été boursiers au Prytanée militaire (*V. chap. II*), peuvent obtenir sur leur demande une subvention mensuelle.

68. — Les élèves de la seconde catégorie, c'est-à-dire ceux qui sont en possession de douze inscriptions pour le doctorat ou de huit inscriptions pour le titre de pharmacien de 1re classe, sont réunis à Paris et placés sous les ordres du directeur de l'Ecole du Val-de-Grâce. Inscrits à la faculté de médecine ou à l'Ecole supérieure de pharmacie, ils suivent les cours spéciaux en rapport avec le degré de leur scolarité, ainsi que les cliniques de la faculté. A l'intérieur du Val-de-Grâce, ils reçoivent l'enseignement pratique et complémentaire des matières sur lesquelles portent les examens du doctorat et ceux de pharmacien de 1re classe.

69. — Pendant la 1re année de séjour au Val-de-Grâce, les élèves en médecine doivent satisfaire aux deux premiers examens de doctorat qui sont subis entre la 12e et la 16e inscription. Après la 16e inscription en médecine et la 12e inscription en pharmacie, à dater du 1er juillet jusqu'au 1er mai suivant les élèves en médecine ont à soutenir les trois derniers examens de doctorat et la thèse, et les élèves pharmaciens ont à satisfaire aux trois examens probatoires.

Les élèves de cette catégorie portent l'uniforme et reçoivent la solde attribuée à l'ancien grade de sous-aide. Dès qu'ils ont obtenu le titre de docteur, ou de pharmacien de 1re classe, la solde spéciale de l'emploi de stagiaire leur est acquise. — 205.

70. — A dater de l'admission à l'emploi d'élève du service de santé, les frais d'inscriptions, d'exercices pratiques, d'examens et de diplôme sont payés par l'Administration de la guerre. Toutefois, en cas d'ajournement à un examen, les frais de consignation pour la répétition de cet examen sont à la charge de l'élève.

Un second échec au même examen de fin d'année, semestriel, ou de fin d'études, entraîne d'office le licenciement de l'élève et sa radiation immédiate des contrôles.

71. — En cas de démission ou de licenciement, l'élève est tenu au remboursement des frais de scolarité. Le même remboursement est exigé de ceux qui quitteraient volontairement le service de santé militaire avant d'avoir accompli la durée de leur engagement d'honneur.

Administration.

72. — Cette école n'a pas d'administration spéciale. La comptabilité qu'elle peut nécessiter est comprise dans celle de l'Ecole d'application. (V. 203. 212.)

CHAPITRE V.

DE L'ÉCOLE VÉTÉRINAIRE D'ALFORT.

73. — L'école vétérinaire d'Alfort est une institution civile : son organisation ne sera donc point exposée ici. Mais comme elle reçoit des élèves militaires, l'École a sa place marquée dans cet ouvrage, au point de vue de l'administration de la guerre.

74. — En ce qui concerne les jeunes soldats autorisés à continuer leurs études dans les écoles vétérinaires après l'appel de leur classe, voyez notre ouvrage intitulé : « *Le Service militaire en France.* » — 89.

De l'admission d'élèves militaires (1).

75. — Le département de la guerre entretient soixante élèves militaires à l'école d'Alfort.

76. — Ces places sont données aux jeunes gens qui en font la demande, et, dans l'ordre de mérite, à ceux déclarés admissibles par le jury d'examen. — 85.

77. — Les demandes d'admission doivent être adressées au Ministre de la guerre avant le 1er juillet de chaque année. Chaque postulant produit à l'appui les pièces ci-après :

1° Son acte de naissance dûment légalisé ;

2° Un certificat de bonnes vie et mœurs délivré par l'autorité civile, ou par l'autorité militaire s'il fait partie de l'armée ; s'il a dépassé l'âge de vingt ans, ce certificat fait connaître sa position sous le rapport du recrutement;

3° Un certificat délivré par le commandant de recrutement ou un officier de gendarmerie attestant qu'il a la taille de 1 m. 54, et qu'il réunit les qualités requises pour servir dans l'armée ;

4° Une déclaration signée d'un docteur en médecine ou en chirurgie constatant qu'il a eu la petite vérole ou a été vacciné, et qu'il n'a aucune maladie scrofuleuse ou autre affection analogue ;

5° Un certificat d'un chef d'institution ou d'un professeur de l'Université faisant connaître que le candidat possède le degré d'instruction indiqué au programme ci-après. — 80.

Ces deux dernières pièces doivent être légalisées par le préfet ou le sous-préfet ;

6° Une obligation souscrite sur papier timbré, par les parents du candidat, par laquelle ils s'engagent à rembourser les frais d'entretien de leur fils, dans le cas où celui-ci viendrait à perdre sa bourse militaire, ou refuserait de souscrire l'engagement ci-après. — 89. 31.

Concours.

78. — Les places d'élève militaire sont mises annuellement au concours. Nul n'est admis à concourir s'il n'est âgé de plus de 17 ans au 1er octobre de l'année du concours, et de moins de 18 à l'expiration de cette même année.

(1) D. 18 février 1874, J. M. p. 127.

79. — Aucune dispense d'âge ne peut être accordée.

80. — L'examen préparatoire d'admission que subissent les candidats devant un jury, composé de professeurs de l'école, comprend, savoir :

LANGUE FRANÇAISE. — 1° Un passage écrit sous la dictée ; 2° l'analyse raisonnée d'une partie de cette dictée.

ARITHMÉTIQUE.— 1° Notions élémentaires ; 2° Système décimal ; 3° Proportions arithmétiques et géométriques.

GÉOMÉTRIE. — Notions élémentaires comprenant l'étude des lignes et celle des surfaces planes.

GÉOGRAPHIE.— 1° Notions élémentaires; 2° Notions générales sur la géographie de l'Europe ; 3° Etude particulière de la géographie de la France.

La composition écrite consiste en une narration sur un sujet ayant trait à la géographie et à l'histoire de France.

81. — L'examen préparatoire commence le 1er octobre.

82. — Les jeunes gens autorisés par le Ministre de la guerre à concourir comme élèves militaires doivent être rendus à l'école d'Alfort ledit jour, au matin.

Le directeur, après qu'ils ont justifié de l'autorisation qui leur a été donnée de se présenter, leur donne connaissance du jour et de l'heure de l'ouverture du concours.

83. — Les candidats qui ne répondent pas d'une manière satisfaisante à l'examen sont déclarés inadmissibles et doivent se retirer immédiatement. Ceux auxquels ce résultat a été favorable peuvent être admis à suivre les cours en attendant la décision du Ministre de la guerre pour la nomination des élèves militaires. Ils ne sont pas tenus à se lier immédiatement au service par voie d'engagement. (*Art.* 18 *du décret du* 28 *janvier* 1852, *J. M. t. V. p.* 294). — V. 89 *ci-après.*

Durée des études et obligations des élèves.

84. — La durée des études est de quatre ans; hors le cas de maladie dûment constatée, aucun élève militaire ne peut être autorisé à doubler une année d'études.

85. — Les places d'élève militaire sont gratuites; en conséquence, la pension de ces élèves, les frais d'entretien, la fourniture des trousseaux, des livres élémentaires et des instruments, ainsi que les frais du diplôme, sont au compte de l'Etat.

86. — Les élèves militaires qui, par leur conduite, ont donné lieu à des plaintes graves, ou qui n'ont pas satisfait aux examens qu'ils doivent subir, sont renvoyés dans leur famille, à moins qu'ils ne soient liés au service militaire à un titre quelconque. — 89, 77, § 6.

Dans ce dernier cas, ils sont dirigés sur le corps auquel ils appartiennent ou sur celui qui leur est désigné par le Ministre de la guerre, pour y compléter le temps de service exigé par la loi.

87. — Ceux qui, avant d'avoir terminé leurs études, seraient

renvoyés de l'Ecole sont tenus de restituer les effets d'habillement, le linge, les livres et les instruments dont ils seraient en possession au jour de leur sortie. Dans le cas contraire, la valeur de ces objets, même de ceux qui seraient perdus ou dégradés, serait remboursée au Trésor, soit par ces élèves, soit par leurs parents ou tuteurs, qui sont tenus d'en contracter l'engagement par écrit ainsi qu'il a été dit ci-dessus, art. 77, § 6°.

88. — Les bourses qui deviennent vacantes dans le courant de l'année scolaire sont données aux élèves civils de l'école d'Alfort les mieux notés qui en font la demande, et exclusivement à ceux qui doivent avoir terminé leurs études dans le courant de leur vingt et unième année.

89. — Lorsqu'ils ont accompli leur vingtième année, les boursiers militaires sont tenus de contracter un engagement volontaire de cinq ans pour un corps de cavalerie. Ils sont maintenus à l'Ecole en position de congé, jusqu'à la fin de leurs études.

90. — Les élèves militaires qui ont obtenu le diplôme de vétérinaire sont admis à concourir avec les autres vétérinaires brevetés, pour l'admission aux emplois d'aide-vétérinaire stagiaire à l'Ecole de cavalerie. — 40, § 7°.

Il leur est alloué, s'ils sont admis, une première mise d'équipement de 400 fr. et plus tard, lors de leur nomination au grade d'aide-vétérinaire, un supplément de 550 fr. (*D.* 14 *janvier* 1860, *J. M. t. IX, p.* 6.) Mais ils doivent préalablement contracter l'engagement d'honneur de servir six ans dans l'armée à l'expiration de leur stage. Cet engagement d'honneur est indépendant de l'engagement volontaire indiqué à l'art. 89 ci-dessus.

CHAPITRE VI.

DE L'ÉCOLE SPÉCIALE MILITAIRE (1).

But de l'institution.

91. — L'École spéciale militaire de St-Cyr a pour objet d'instruire dans les différentes branches de l'art de la guerre, et de mettre en état d'entrer comme officiers dans les rangs de l'armée les jeunes gens qui se destinent à la carrière militaire. Elle forme des officiers pour l'infanterie, la cavalerie, le corps d'état-major et l'infanterie de marine. Elle est soumise au régime militaire. La durée des cours est de deux ans.

Concours.

92. — Nul n'est admis à l'École que par voie de concours.

93. — Les épreuves consistent en examens oraux et en compositions écrites.

Nul ne peut être admis aux épreuves orales s'il ne justifie de la qualité de bachelier ès-sciences ou de bachelier ès-lettres. Le diplôme doit être présenté aux examinateurs au moment de l'examen.

Indépendamment des épreuves orales et écrites, les candidats en subissent une autre pour la constatation de leur aptitude physique et des connaissances qu'ils peuvent posséder en escrime, en équitation et en gymnastique.

94. — Le Ministre fait connaître chaque année, vers le mois de mai et par la voie du *Journal officiel*, les dates auxquelles se feront les compositions écrites, les époques d'ouverture des épreuves orales et l'itinéraire de la commission d'examen.

95. — Nul ne peut être admis au concours s'il n'a préalablement justifié :

1° Qu'il est Français ou naturalisé ;
2° Qu'il aura dix-huit ans au moins au 1er octobre ou qu'il a eu vingt ans au plus au 1er janvier de l'année du concours.

Néanmoins, les sous-officiers, les caporaux ou brigadiers et les soldats des différents corps de l'armée âgés de plus de vingt ans, et qui auront accompli au 1er janvier de l'année qui suit celle du

(1) L. 5 juin 1850, J. M. t. V. p. 107. — D. 11 août 1850, J. M. p. 68. — I. 17 déc. 1872, J. M. p. 958. — D. 8 juin 1861, J. M. t. IX, p. 266 ; — 8 mai 1873, J. M. p. 573.

concours, deux années de service réel et effectif, sont admis à concourir, pourvu qu'ils n'aient pas dépassé l'âge de vingt-cinq ans au 1er juillet de l'année du concours.

96. — Les candidats se font inscrire avant le 1er mai, s'ils sont civils, à la préfecture du département où ils étudient, et, s'ils sont militaires, à la préfecture du département dans lequel ils sont en garnison. Nulle inscription n'est admise après cette époque.

Les élèves du Prytanée militaire sont seuls dispensés de l'inscription.

97. — Les pièces à produire pour l'inscription sont :

1° L'acte de naissance du candidat, revêtu des formalités prescrites par la loi ;

2° Une déclaration d'un docteur en médecine ou en chirurgie attaché à un hospice civil ou à un hospice militaire, dûment légalisée et constatant que le candidat a eu la petite vérole ou qu'il a été vacciné ou inoculé ;

3° Un certificat du commandant de recrutement du département, constatant dans les mêmes conditions que pour l'engagement volontaire (1), l'aptitude réelle du candidat au service militaire ;

4° Une déclaration écrite des centres d'examen et de composition choisis par le candidat ou par sa famille.

98. — Les candidats militaires n'ont pas à fournir la déclaration relative au choix des centres d'examen et de composition ; mais ils doivent ajouter aux pièces indiquées ci-dessus (97) :

1° Un état signalétique et des services renfermant, en sus des renseignements réglementaires, l'indication des périodes des mises en subsistance dans d'autres corps ;

2° Une déclaration du conseil d'administration de leur corps indiquant que, déduction faite de tous les congés, permissions ou dispenses de service de toute nature qu'il a obtenus, et du temps passé en subsistance dans d'autres corps, le candidat comptera, au 1er janvier de l'année qui suit celle du concours, deux ans de service réel et effectif sous les drapeaux ;

3° Un certificat de bonne conduite.

En outre, leurs chefs de corps doivent faire parvenir avant le 1er mai, à M. le général commandant l'Ecole, les relevés de punitions de ces militaires. (*C. M.* 30 *mars* 1872.)

99. — Les candidats non militaires ont la faculté de subir les examens oraux dans la ville d'examen assignée au département où le domicile de leur famille est établi ou à celui où ils ont achevé leur instruction. Ils font connaître, dans leur déclaration, celui qu'ils choisissent.

Les candidats militaires subissent les épreuves dans les centres d'examen et de composition assignés au département dans lequel leur corps se trouve en garnison. Les généraux commandant les divisions doivent leur délivrer, à cet effet, s'il y a lieu, des permissions dont la durée ne peut excéder le temps nécessaire au voyage

---

(1) V. *Le service militaire en France* (par l'auteur).

et à l'examen. Si, après s'être fait inscrire à la préfecture, ces candidats changent de garnison, ils doivent en informer le Ministre.

100. — Les candidats admis à subir les examens oraux doivent être rendus la veille du jour fixé pour ces examens dans la ville où ils sont appelés à les subir.

101. — Les pièces fournies par les candidats qui ne seraient point admis à l'École, leur sont restituées par la préfecture où l'inscription a été effectuée.

102. — Programme des connaissances exigées (1).

COMPOSITIONS.

1° Une composition de littérature française. — Récit, lettre ou description de la force de la classe de mathématiques élémentaires (2e année) ;

2° Une composition d'histoire dont le sujet est pris dans le programme d'admission ;

3° Un croquis de géographie reproduisant en totalité ou en partie le bassin d'un des grands fleuves de l'Europe ;

4° Une version latine de la force de la classe de mathématiques élémentaires (2e année) ;

5° Une composition mathématique comprenant une ou plusieurs questions mathématiques basées sur des formules connues.

6° Un calcul logarithmique ;

7° Le tracé d'une épure de géométrie descriptive, exécutée d'après des données numériques ;

8° Un thème allemand ;

9° Un dessin d'imitation. Les candidats exécutent, d'après un modèle donné, l'esquisse d'une académie, et en ombrent la tête et les épaules ;

10° Un lavis très-simple exécuté à l'encre de Chine.

Nota. — Dans toutes les épreuves, l'écriture doit être couramment lisible et généralement correcte. Toute composition qui ne réunirait pas ces conditions serait écartée, et son auteur mis hors de concours.

EXAMENS ORAUX (2).

Les examens portent sur les matières suivantes :

Arithmétique. — Nombres entiers, opérations, propriétés des nombres.

---

(1) J. M, 2-72, 960.

(2) Au début des examens, chaque candidat remet aux examinateurs les épures ou croquis suivants, portant tous le visa du professeur :

1° Ligne droite et plan nos 5, 8, 12, 14 ;

2° Plans tangents, n° 5 ;

3° Intersections de surfaces, n° 1;

Nota — Ces numéros correspondent à ceux du programme de géométrie descriptive.

4° Croquis de géographie ; croquis de trois bassins au moins.

Fractions, nombres décimaux, approximations, erreurs relatives.
Système métrique.
Racine carrée et racine cubique.
Grandeurs directement et inversement proportionnelles.
Algèbre. — Calcul algébrique. — Equations du premier degré. — Quantités négatives.
Equations du second degré à une inconnue. — Propriétés des trinômes du second degré. — Questions de maximum et de minimum pouvant être résolues par le second degré.
Progressions arithmétiques, progressions géométriques.
Logarithmes.
Intérêts composés, annuités.
Géométrie. — Ligne droite et plan. — Angles, triangles. — Droites parallèles. — Parallélogrammes.
Circonférence; propriétés principales de la circonférence; mesure des angles. — Usage de la règle, de l'équerre et du compas.
Lignes proportionnelles. — Similitude des figures planes.
Polygones réguliers. — Rapport de la circonférence au diamètre.
Aires des figures planes.
Problèmes de géométrie et construction graphique des formules.
Plan. — Droite perpendiculaire à un plan. — Parallélisme des droites et des plans. — Angle dièdre. — Plans perpendiculaires entre eux. — Inclinaison d'une droite sur un plan. — Ligne de plus grande pente d'un plan. — Angles trièdres.
Des polyèdres; volume des polyèdres; similitude des polyèdres.
Cônes et cylindres; surface et volume.
Sphère; section plane; plan tangent, rayon d'une sphère impénétrable; aire et volume de la sphère.
Notions sur quelques courbes usuelles; ellipse, parabole, hyperbole, hélice.

GÉOMÉTRIE DESCRIPTIVE.

Trigonométrie rectiligne. — Arcs positifs, arcs négatifs. — Lignes trigonométriques d'un arc et leurs variations. — Arcs correspondants à une ligne trigonométrique donnée.
Relations entre les lignes trigonométriques d'un même arc. — Addition, multiplication, division des arcs (non compris les formules relatives à la trisection.)
Rendre calculable par logarithmes une somme de deux lignes trigonométriques.
Construction et usage des tables trigonométriques.
Résolution des triangles.
Applications.

MÉCANIQUE.

Éléments de statique. — Notions préliminaires sur les forces.
Composition de deux forces appliquées à un point. — Théorème des moments par rapport à un point pris dans le plan des forces.

Composition d'un nombre quelconque de forces appliquées à un point. — Conditions d'équilibre.

Composition de forces parallèles. — Condition d'équilibre.

Centre de gravité. — Sa détermination dans les cas les plus simples.

Conditions d'équilibre d'un corps solide sollicité : 1° par deux forces ; 2° par trois forces.

Deux forces, non situées dans un même plan, n'ont pas de résultante unique.

DES MACHINES SIMPLES.

Équilibre des machines simples : Levier. — Balance. — Balance romaine. — Poulie. — Treuil. — Plan incliné. (1).

ÉLÉMENTS DE CYNÉMATIQUE.

Mouvement rectiligne uniforme. — Vitesse.

Mouvement rectiligne varié. — Vitesse.

Mouvement rectiligne uniformément varié. — Accélération.

Composition de deux mouvements simultanés rectilignes et uniformes, et de deux mouvements simultanés rectilignes uniformément variés.

I. — *Problèmes relatifs au point, à la droite, au plan.*

1° Représentation du point, de la droite, du plan ;

2° Méthode générale des rabattements ;

3° Par un point donné dans l'espace, mener une parallèle à une droite donnée, et trouver la grandeur d'une partie de cette droite ;

4° Par un point donné, mener un plan parallèle à un plan donné ;

5° Construire le plan qui passe par trois points donnés, et trouver dans ce plan une horizontale de hauteur donnée ;

6° Deux plans étant donnés, trouver les projections de leur intersection ;

7° Une droite et un plan étant donnés, trouver les projections du point où la droite rencontre le plan ;

8° Par un point donné, mener une perpendiculaire à un plan donné, pied et vraie longueur ;

9° Par un point donné, mener une perpendiculaire à une droite donnée, pied et vraie longueur ;

10° Un plan étant donné, trouver les angles qu'il forme avec les plans de projection ;

---

(1) On suppose que chaque machine est sollicitée uniquement par deux forces, la puissance et la résistance, et l'on n'a pas égard au frottement.

11° Deux plans étant donnés, construire l'angle qu'ils forment entre eux ;

12° Deux droites qui se coupent étant données, construire l'angle qu'elles forment entre elles, ainsi que les projections de leur bissectrice ;

13° Construire l'angle formé par une droite et un plan ;

14° Connaissant les tracés d'un plan, et la projection horizontale d'un point du plan, construire les projections d'un cercle tracé dans ce plan, autour du point donné comme centre et d'un rayon aussi donné.

II. — *Problèmes relatifs aux plans tangents.*

1° Des lignes courbes et de leurs tangentes ;

2° Définition géométrique des surfaces, génératrices, directrices, plan directeur, surfaces directrices ;

3° Plan tangent. — Normale ;

4° Définition générale des surfaces cylindriques et coniques. — Propriété remarquable de leurs plans tangents ;

5° Mener un plan tangent à une surface cylindrique ou conique :

Par un point pris sur la surface ;
Par un point extérieur ;
Parallèlement à une droite donnée ;

6° Surfaces de révolution. — Parallèles. — Méridiens. — Propriété remarquable de leurs plans tangents ;

7° Connaissant la courbe méridienne d'une surface de révolution, mener par un point de cette surface un plan tangent à cette surface.

III. — *Problèmes relatifs aux intersections des surfaces.*

1° Construire la section faite dans la surface d'un cylindre droit, vertical, par un plan perpendiculaire à l'un des plans de projection. — Tangente à la courbe d'intersection. — Vraie grandeur de cette courbe. — Développement du cylindre et de la courbe d'intersection. Y rapporter la tangente ;

2° Construire la section faite dans un cône droit par un plan perpendiculaire à l'un des plans de projection. — Tangente. — Vraie grandeur ;

— Placer le plan sécant de manière à obtenir l'ellipse, la parabole ou l'hyperbole.

Mouvement de rotation uniforme autour d'un axe fixe. — Vitesse angulaire.

Cosmographie. — Sphère céleste. — Mouvement diurne, coordonnées célestes, description du ciel.

Terre. — Coordonnées géographiques. — Construction des cartes géographiques.

Notions sur le soleil et la lune. — Système solaire. — Marées.

GÉOGRAPHIE PHYSIQUE ET POLITIQUE.

NOTA. — Les examinateurs insistent sur la géographie physique, et constatent chez les candidats l'habitude de tracer des croquis de géographie au tableau.

Forme de la terre. — Cercles de la sphère. Longitude et latitude. Points cardinaux. Mesures itinéraires.

Découvertes géographiques.

Grandes divisions de la surface du globe. — Description des mers.

Europe ; bornes, orographie générale et hydrographie. — Divisions naturelles. — Divisions d'après les races et les religions. — Divisions politiques.

Géographie physique de la France. — Limites. — Description des côtes. — Orographie. — Hydrographie. — Description des bassins du Rhin, de la Meuse, de l'Escaut, de la Somme, de la Seine, de la Loire, de la Garonne et du Rhône. — Description des bassins côtiers de la mer du Nord, de la Manche, du golfe de Gascogne et de la Méditerranée.

— Géographie politique de la France. — Description des frontières maritimes. — Frontières continentales.

Canaux, chemins de fer principaux et leurs liaisons avec les réseaux étrangers.

Anciennes provinces et départements qui en ont été formés. — Colonies. — Statistique générale de la France, gouvernement, population, races, religions, armée, marine, finances, divisions militaires. Etablissements militaires.

— Suisse, frontières ; orographie, hydrographie. — Divisions politiques. — Chemins de fer. — Statistique.

— Belgique. Frontières, côtes, orographie, hydrographie. Divisions politiques. Chemins de fer. Statistique.

— Hollande. Frontières, côtes, topographie générale, hydrographie. Divisions politiques, canaux. Chemins de fer. — Colonies. Statistique.

— Géographie physique de l'empire d'Allemagne. — Étendue et limites ; côtes. — Orographie et hydrographie. — Description des bassins du Rhin, du Weser, de l'Elbe, de l'Oder, de la Vistule, du Niémen et du Danube.

Bassins côtiers de la mer du Nord et de la Baltique.

— Géographie politique de l'empire d'Allemagne. Etats qui en font partie. — Limites des principaux de ces États. Historique succinct de la formation de l'empire actuel.

Frontières maritimes et continentales. — Canaux. Chemins de fer. Statistique générale de l'empire d'Allemagne. Gouvernement, population, races, religions, armée, marine, finances.

Statistique des principaux Etats de l'empire : Prusse, Bavière, Saxe, Wurtemberg, etc.

NOTA. — On demande séparément la description orographique et hydrographique de chacun de ces États, sans tenir compte de leur union politique.

Géographie physique de l'empire d'Autriche. — Limites, description des côtes. — Orographie. — Hydrographie. — Description des bassins du Danube, de l'Elbe et de l'Adige.

— Géographie politique de l'Autriche : Frontières maritimes. — Frontières continentales. — Chemins de fer. — Divisions politiques. — Confins militaires. — La Hongrie. — Statistique générale : Gouvernement, populations, races, religions, armée, marine, finances.

Empire de Russie. — Bornes, description des côtes, Crimée, orographie et hydrographie. — Lacs, description des bassins de la Vistule, du Niémen, de la Dwina, du Volga, du Don, du Dniéper et du Dniester. — Bassins côtiers de la mer Baltique, de la mer Blanche, de la mer Caspienne et de la mer Noire.

— Géographie politique de la Russie : Frontières maritimes, frontières continentales, canaux, chemins de fer, divisions politiques. — Statistique générale. — Gouvernements, populations, races, religions, armée, marine, finances, etc. Limites de l'ancien royaume de Pologne en 1772.

— Géographie physique et politique de la région Scandinave. Bornes. Description des côtes. — Orographie, hydrographie, lacs.

— Villes principales de la Suède et de la Norwège. — Chemins de fer. Statistique.

Géographie physique et politique du Danemark : Limites, description des côtes. Iles. Topographie générale. Hydrographie. — Divisions politiques. Chemins de fer. Colonies. Statistique.

— Géographie physique des îles Britanniques. — Frontières. — Description des côtes. — Orographie et hydrographie de la Grande-Bretagne ; description des principaux fleuves et cours d'eau. — Divisions politiques. — Principaux chemins de fer. — Villes et ports de commerce. — Ports militaires et arsenaux.

— Géographie physique et politique de l'Irlande. Topographie générale. Hydrographie. — Lacs. — Villes principales. — Colonies de l'Angleterre. — Statistique. — Gouvernement, populations, races, religions, armée, marine, finances.

— Géographie physique de l'Espagne. Limites, côtes, orographie, plateau central, hydrographie. Description du bassin de l'Èbre, du Guadalquivir, du Guadiana, du Tage, du Douro. — Bassins côtiers de la mer des Baléares et de la mer de Portugal. — Géographie politique de l'Espagne. — Frontières continentales. — Chemins de fer, divisions politiques. — Statistique générale.

— Géographie physique et politique du Portugal. Frontières, côtes, orographie et hydrographie. Divisions politiques. — Chemins de fer. — Statistique. — Géographie physique de l'Italie. — Bornes. — Description des côtes. — Iles. — Description des Alpes; passages principaux. — Grands contre-forts des Alpes. — Apennins. Passages principaux. — Hydrographie. — Description des bassins du Pô et de l'Adige. — Bassins côtiers de la mer Tyrrhériennne et de la mer Adriatique.

— Géographie politique de l'Italie. — Frontières maritimes et continentales. — Divisions politiques. — Chemins de fer. — Statistique. — Gouvernement, populations, races, religions, armée, marine, finances.

— Géographie physique et politique de la Turquie d'Europe, frontières, côtes et îles. — Orographie et hydrographie. Divisions politiques. Chemins de fer; statistique. — Gouvernement. — Populations, races, religions, armée, marine.

— Géographie physique et politique de la Grèce. — Bornes, côtes et îles. — Orographie et hydrographie. Divisions politiques, chemins de fer, statistique.

— Géographie physique et politique de l'Asie. — Limites, côtes et îles. — Orographie et hydrographie. — Plateau central. Lacs, divisions politiques. — Colonies européennes. — Empire de l'Inde. — Population de l'Asie.

— Géographie physique et politique de l'Afrique. — Frontières, côtes et îles. — Montagnes et fleuves. — Grands déserts, lacs. — Divisions politiques. — Population. — Description physique et politique de l'Algérie. — Etendue et limites. — Côtes, orographie et hydrographie. — Tell et Sahara. — Division politique. — Frontières maritimes et continentales. — Chemins de fer. — Populations.

— Géographie physique de l'Amérique septentrionale. — Limites, côtes et îles. — Orographie et hydrographie. — Description des fleuves et principaux cours d'eau. Lacs. Géographie politique de l'Amérique du Nord. Colonies européennes. — Description particulière des Etats-Unis. — Description des côtes. — Frontières. Orographie et hydrographie. — Divisions politiques. — Chemins de fer. — Statistique générale.

Géographie physique et politique de l'Amérique centrale.

Archipel des Antilles.

Géographie physique et politique de l'Amérique méridionale. — Côtes et iles. — Orographie et hydrographie. — Divisions politiques.

Géographie générale de l'Océanie. Archipel et îles. — Colonies européennes.

HISTOIRE.

L'Europe et la France à la fin du moyen âge. — Divisions politiques. — Affaiblissement de la féodalité et progrès du pouvoir royal.

Louis XI et Charles le Téméraire. — Agrandissement du pouvoir royal. — Gouvernement de Louis XI. — Guerre des Deux-Roses en Angleterre. — Avénement des Tudor.

Formation du royaume d'Espagne. — Ferdinand et Isabelle. — Prise de Grenade.

Découvertes maritimes des Portugais et des Espagnols. — Christophe Colomb. — Empire portugais aux Indes. — Empire espagnol au nouveau monde.

Charles VIII et Anne de Beaujeu. — Etat de l'Italie vers la fin du quinzième siècle ; expédition d'Italie. — Bataille de Fornoue.

Louis XII. Conquête du Milanais. — Expédition de Naples. — Jules II. — La ligue de Cambrai. — La sainte ligue. — Bataille de Ravenne.

François Ier. — Bataille de Marignan. — Charles-Quint. — Rivalité de la France et de la maison d'Autriche. — Bataille de Pavie. — Traité de Madrid et de Cambrai. — Soliman. — Henri VIII. — Traités de Crespy et d'Ardres.

Henri II. — Conquête de trois évêchés. — Abdication de Charles-Quint. — Philippe II. — Bataille de St-Quentin, prise de Calais. — Paix de Cateau-Cambrésis. — Découverte et influence de l'imprimerie. — La renaissance en Italie et en France.

La réforme en Suissse et en Allemagne ; Zwingle et Luther. — Bataille de Muhlberg. — Prise d'Augsbourg.

La réforme en Angleterre et en Ecosse. — Henri VIII ; Edouard VI ; Marie Tudor : Elisabeth et Marie Stuart.

La réforme dans les Pays-Bas. — Affranchissement des Provinces-Unies. — Philippe II. — Conquête du Portugal.

La réforme en France. — Calvin. — Guerres de religion. — François II et Charles IX. — Henri III et la ligue. — Henri IV. — Fin des guerres de religion. — Sully. — Administration et politique de Henry IV.

Louis XIII. — Le maréchal d'Ancre et le duc de Luynes. — Richelieu. Abaissement des protestants et de la noblesse. — La guerre de trente ans. — Paix de Westphalie.

Les Stuarts en Angleterre. — Jacques Ier et Charles Ier. — Révolution de 1640. — Olivier Cromwell.

Louis XIV. — La Fronde. — Traité des Pyrénées. — Paix d'Aix-la-Chapelle et de Nimègue. — Révocation de l'édit de Nantes.

Révolution de 1688 en Angleterre. — Traités de Ryswyk, d'Utrecht et de Rastadt.

Tableau des lettres, des sciences et des arts en France pendant le règne de Louis XIV.

Louis XV. — Guerre de la succession d'Autriche. — Guerre de sept ans.

Frédéric II. — Traité de Paris.

Lutte de la Suède et de la Russie. — Charles XII, Pierre le Grand et Catherine II. — Partage de la Pologne.

Puissance maritime de l'Angleterre. — Conquêtes des Anglais dans les Indes orientales. — Soulèvement des Colonies d'Amérique. — Traité de Versailles.

Louis XVI. — Turgot et Malesherbes. — Necker. — Assemblée des notables. — Convocation des états généraux.

L'Assemblée constituante ; ses principales réformes.

L'Assemblée législative et la Convention.

L'émigration. — Déclaration de Pilnitz ; manifeste de Brunswick ; soulèvements intérieurs. — La terreur.

Victoires et conquêtes. — Traité de Bâle. — Journée du 13 vendémiaire.

Le Directoire. — Campagnes du général Bonaparte en Italie. — Traité de Campo-Formio. — Expédition d'Egypte. — Masséna en Suisse. — Le 18 Brumaire.

Le Consulat.

Constitution de l'an VIII. — Réorganisation administrative. — 1801. Le Concordat. — 1800. Marengo et Hohenlinden. — Paix de Lunéville et d'Amiens.

L'Empire.

Le Camp de Boulogne et la Légion d'honneur. — Ulm, Trafalgar et Austerlitz. — Traité de Presbourg. — Confédération du Rhin. Campagnes de Prusse et de Pologne. — Iéna et Auerstaedt. — Le blocus continental. — Eylau et Friedland. — Paix de Tilsitt.

Le Code civil et l'Université. — Grands travaux publics.

Guerre d'Espagne. — Campagne de 1809. — Essling et Wagram. — Traité de Vienne. — Mariage de Napoléon et de Marie-Louise. — Le roi de Rome.

Campagnes de Russie et de Saxe. — Campagne de France. — Abdication de Napoléon Ier.

La première restauration et les Cent-Jours. — Waterloo. — Traités de 1815.

Tableau comparé des puissances européennes et de leurs colonies en 1789 et en 1815.

Napoléon à Ste-Hélène.

La Sainte-Alliance.

Le roi Louis XVIII. — Occupation militaire du territoire français.

Révolutions en Espagne, à Lisbonne, à Naples et à Turin ; mouvement en Allemagne et en Pologne ; insurrection des Grecs ; émancipation des colonies espagnoles.

Congrès de Troppau, de Laybach et de Vérone. — Intervention de l'Autriche en Italie, de la France en Espagne. — Politique de la Hollande en Belgique.

Le roi Charles X. — Ministère Villèle. — Indemnité aux émigrés. — En Angleterre, ministère Wellington. — Révolution en Portugal ; dom Miguel à Lisbonne.

Progrès des idées libérales : émancipation des catholiques d'Irlande ; réformes économiques de Huskisson ; union douanière en Allemagne ; ministère Martignac en France.

Intervention en faveur des Grecs; Navarin ; invasion des Russes en Turquie; traité d'Andrinople; fondation d'un royaume grec.

Ministère Polignac. — Prise d'Alger. — Les ordonnances; révolution de Juillet.

Résultats généraux des quinze années de la Restauration. —Extension donnée au régime constitutionnel; prospérité financière et commerciale ; institution des caisses d'épargne ; délivrance de la Grèce et destruction de la piraterie; mouvement des esprits ; résistance du gouvernement et sa chute.

Le roi Louis-Philippe. — Charte de 1830.

Suites de la révolution de 1830 en Europe : création du royaume de Belgique ; soulèvement de la Pologne ; mouvements en Suisse, en Allemagne et en Italie. —Intervention de l'Autriche. —Occupation d'Ancône par la France.

En Angleterre, bill de réforme.

En Espagne et en Portugal, établissement d'un gouvernement constitutionnel.

En Turquie, réformes du sultan Mahmoud, de Mehemet-Ali, en Egypte.

Intervention des Russes (1833).

Rivalité de la Russie et de l'Angleterre en Orient. — Progrès des Anglais aux Indes, des Russes au sud du Caucase et à l'est de la mer Caspienne. — La Perse. — Siège de Hérat (1838). Expédition des Anglais dans l'Afghanistan et des Russes contre Khiva. Les Anglais et la Chine. — Guerre de l'Opium.

Sympathies de la France pour le pacha d'Egypte. — Rapprochement entre l'Angleterre et la Russie. — Première phase de la question d'Orient. — Traité de Londres (1840) ; convention des détroits.

Résultats des faits généraux du règne de Louis-Philippe. — Système électoral (200,000 électeurs). — Fréquents changements de ministères. — Adoucissement de la loi pénale. — Lois sur l'instruction primaire et sur les travaux publics ; abolition de la loterie; progrès de la liberté politique et religieuse. — Sourde propagation des idées socialistes. — Développement de l'industrie et du commerce. — Loi sur les chemins vicinaux (1836) et sur les chemins de fer (1842).

Conquête de la plus grande partie de l'Algérie.

Politique extérieure : attitude du gouvernement à l'égard des puissances étrangères.

Révolution de février 1848. — Gouvernement provisoire ; le suffrage universel. — Proclamation de la République.

LITTÉRATURE.

Notions générales de composition littéraire. — Le goût. — Le beau. — Le sublime. — Le style : doctrine de Buffon.

Les principaux genres de littérature et leurs règles dans la poésie et dans la prose.

Les différents mètres employés par la poésie française; à quels genres servent les uns et les autres. -- Rime, quantité, césure, rhythme.

Le discours et ses différentes parties. — Lieux communs. — Figures de pensées et de mots. — Mœurs oratoires. — Ecrivains qui ont traité de l'art oratoire.

Caractères généraux de l'époque appelée *Renaissance*. L'érudition, les sciences, les arts, les lettres. Influence exercée sur les esprits par l'antiquité. Les érudits et les traducteurs, les Etienne, Dolet, Amyot.

Les poëtes. — L'école française : Marot. La Pléiade. Ronsard et ses amis.

Rabelais.

Les Réformés. — Calvin, de Bèze, Agrippa, d'Aubigné.

Les hommes d'action. Montluc...

Les philosophes. Ramus, Montaigne, Charron.

(Ces diverses questions répondent aux divers aspects que présente le seizième siècle. — La littérature complète l'histoire).

Dix-septième siècle. — La première moitié du dix-septième siècle. — Esprit général de cette époque de transition : l'autorité et la règle pénètrent dans la littérature, comme dans la société.

Malherbe et son école. — Les dissidents : Mlle de Gournay. Régnier.

Balzac.

L'Académie française. Vaugelas.

Le théâtre avant Corneille. — Corneille. — La querelle du *Cid*. La tragédie française et Aristote.

La philosophie. — Descartes.

La théologie. Les jansénistes. — Pascal.

L'éloquence. — Bossuet. Ce qu'était avant lui l'éloquence de la chaire.

Les mémoires. Retz. Mme de Motteville. Mademoiselle.

Le burlesque. Les mazarinades. Scarron, Cyrano de Bergerac.

Le dix-septième siècle (2e partie). — Triomphe de la règle et de l'autorité.

Le théâtre. Molière. Racine. Quinault.

La critique. Boileau.

Lafontaine.

Le roman. Scudéry. Mme de La Fayette.

L'histoire. — Sa faiblesse. — Causes de cette faiblesse. Idée qu'on se faisait de l'histoire.

Les lettres, les mémoires. — Mme de Sévigné. Saint-Simon.

La société. — La Bruyère.

Dix-huitième siècle. — L'esprit de critique s'éveille dans les derniers temps de Louis XIV.

La querelle des anciens et des modernes, ou la question du progrès.

Fontenelle. La Mothe, l'abbé de Saint-Pierre.

Rôle des gens de lettres au XVIII siècle. — Biographie de Voltaire.

Voltaire poëte épique, dramatique. — Poésies légères.

Voltaire historien philosophe. — Influence de Voltaire.

Les publicistes. — Montesquieu. *L'Esprit des lois.*

Les encyclopédistes. Diderot, d'Alembert.

La place que Rousseau occupe dans le dix-huitième siècle. Sa vie, ses ouvrages, son influence.

La science de la nature. — Buffon.

Les économistes.

L'Académie, les salons littéraires, les journaux, les pamphlets.

La Révolution française. — L'éloquence parlementaire. Le théâtre, les journaux, les pamphlets.

La poésie à la fin du dix-huitième siècle et sous l'Empire. Saint-Lambert, Delille, Ducis, Joseph Chénier, André Chénier.

Renouvellement de l'art par Châteaubriand. — Le *Génie du Christianisme*, les *Martyrs*, *Atala*, *René*.

Madame de Staël.

Mouvement littéraire de la Restauration.

LANGUES VIVANTES.

L'allemand est seul exigé; mais les candidats qui posséderaient la connaissance des langues anglaise et italienne en font la déclaration.

De l'admission.

103. — Après les examens un jury spécial prononce sur l'admission à l'Ecole. Ce jury se compose :

D'un général de division, *président*;
Du général commandant l'Ecole;
Du directeur des études;
Et de quatre autres membres choisis par le Ministre de la guerre, parmi les examinateurs de l'année.

104. — Le prix de la pension est de 1500 fr. par an, et celui du trousseau de 600 à 700 fr.

105. — Des bourses et des demi-bourses sont accordées à tous les jeunes gens dont les familles ne possèdent pas les ressources nécessaires pour leur entretien dans l'Ecole.

A cet effet, les jeunes gens remettent une demande au préfet, au moment de leur inscription pour l'examen (1). La demande

(1) V. la C. M. 5 juillet 1850, J. M. t. V, p. 113 et les instructions au J. M. 2-50, 14.

doit être accompagnée d'un relevé du rôle des contributions et de renseignements sur les moyens d'existence, le nombre d'enfants et les autres charges des parents. — 108 (*modèle*)

106. — Le 1er août, le préfet clôt la liste et l'envoie au Ministre. Toute demande produite après cette date est écartée.

107. — Dans la première quinzaine d'août, le préfet soumet au conseil municipal chaque demande appuyée des renseignements détaillés ci-dessus (105) ; il provoque une délibération (*V. modèle* 2-50,14) du conseil à ce sujet. Le dossier revient à la préfecture avec une expédition de la délibération et de l'état de renseignements ci-après (108), revêtu de la signature du père, de la mère ou du tuteur du candidat. — 115.

Voir le tableau ci-contre.

(MODÈLE.)

108. — **RENSEIGNEMENTS** *concernant la demande de* (A) *à l'École* (B)
faite en faveur du jeune
(Journ. mil., t. V, p. 115.)

NOMS, qualités et demeures des personnes qui ont fait la demande.	NOMS et prénoms du candidat. — Indiquer s'il est orphelin.	DATE de la naissance.	GRADE DU PÈRE. Si le candidat est millitaire, l'indiquer également.	NOMBRE DES ENFANTS. Age, sexe et position de chacun.	MOYENS D'EXISTENCE de la famille (c).									MONTANT des CONTRIBUTIONS (c)				EXTRAIT DE LA DÉLIBÉRATION du Conseil municipal. (D)	AVIS DU PRÉFET.
					Industrie ou emploi. Produit annuel.	TRAITEMENTS militaire.	civil.	de la Légion-d'honneur.	Dotation.	Pension.	Revenu foncier.	Rentes sur l'État.	TOTAL.	foncière.	personnelle.	mobilière.	TOTAL.		

DÉCLARATION
à faire par le pétitionnaire.

Je soussigné déclare que je ne possède de rien, tant en mon nom personnel que du chef de ma femme, en dehors des ressources ci-dessus énoncées.

(A) Indiquer s'il s'agit d'une bourse, d'une demi-bourse, et, en outre, d'un trousseau ou d'un demi-trousseau.
(B) Indiquer l'établissement.
(C) Celles des colonnes pour lesquelles il n'y aura aucune indication numérique à donner devront porter le mot *Néant* en toutes lettres.
(D) Joindre la délibération.

Certifié par nous, Préfet du département d
A *le*

109. — Le préfet complète cet état, le revêt de ses observations et de sa signature, puis le transmet, avec chaque dossier complété, au Ministre de la guerre, avant le 20 août.

110. — Les bourses et les demi-bourses sont accordées par le Ministre de la guerre, sur la proposition des conseils d'administration et d'instruction de l'Ecole.

111. — Il peut être alloué, sur la présentation des mêmes conseils : 1° à chaque boursier ou demi-boursier un trousseau ou un demi-trousseau à son entrée à l'Ecole ; 2° à chaque boursier ou demi-boursier nommé officier après avoir satisfait aux examens de sortie une première mise d'équipement militaire égale à celle attribuée, dans l'arme où il doit entrer, aux sous-officiers passant officiers.

112. — Les élèves non militaires doivent contracter un engagement volontaire de cinq ans avant d'entrer à l'Ecole.

113. — Tout candidat nommé élève, qui ne s'est pas présenté au commandant de l'Ecole dans le délai fixé par sa lettre de nomination, est considéré comme démissionnaire.

114. — A leur arrivée à l'Ecole les élèves sont soumis à une contre-visite des officiers de santé.

115. — Excepté ceux auxquels il a été accordé des bourses ou demi-bourses, fait remise de la valeur du trousseau ou du demi-trousseau, nul élève ne peut être reçu à l'Ecole s'il ne produit un récépissé d'un receveur général ou particulier constatant qu'il a payé le prix du trousseau ou demi-trousseau, et s'il ne remet au général commandant l'Ecole une promesse sous seing privé, dans la forme indiquée par l'art. 1326 du Code civil, par laquelle son père, sa mère ou son tuteur s'engage à verser dans la caisse du trésorier payeur général de Seine-et-Oise ou de tout autre receveur général ou particulier, par trimestre et d'avance, le montant de la pension ou de la demi-pension selon que l'élève est pensionnaire ou demi-pensionnaire. Cette promesse, qui doit être légalisée par le maire ou par le sous-préfet, est faite par l'élève lui-même, s'il est majeur ou s'il jouit de ses biens.

116. — Les élèves dont le père, la mère ou le tuteur ne réside pas à proximité de St-Cyr doivent avoir un correspondant dûment accrédité auprès du général commandant l'Ecole.

Organisation.

117. — L'École est organisée militairement ; c'est-à-dire que tous les élèves sont casernés et répartis dans huit compagnies formant un bataillon d'infanterie.

En outre, les élèves qui, à l'expiration de la première année d'études ont, sur leur demande et après un classement, été désignés pour l'arme de la cavalerie, forment une section spéciale dite de cavalerie. (*V. le décret du* 8 *mai* 1873, *J. M. p.* 573.)

118. — Les personnels sont ceux :

De l'état-major, comprenant :

Un général de brigade, commandant l'École,
Un colonel d'infanterie, commandant en second,
Un officier supérieur, commandant la section de cavalerie,
Un chef de bataillon d'infanterie, commandant le bataillon,
Des capitaines d'infanterie, commandants de compagnie,
Des lieutenants d'infanterie, instructeurs,
Des officiers inférieurs de cavalerie, écuyers et adjoints,
Un aumônier ;

De l'enseignement, composé d'officiers : un directeur des études, officier supérieur d'une arme spéciale, des professeurs et répétiteurs, et de quelques personnes civiles, professeurs et professeurs adjoints ;

De l'administration, composée d'un major, d'un capitaine trésorier, d'un lieutenant ou sous-lieutenant adjoint au trésorier, d'un officier d'administration comptable de 1re classe, économe, d'officiers d'administration adjoints à l'économe, d'un secrétaire archiviste bibliothécaire, civil, et d'employés subalternes ;

Du service de santé, composé de médecins militaires, d'infirmiers militaires et de sœurs de charité ;

Du service vétérinaire, composé d'un vétérinaire et d'un aide, le premier étant professeur d'hippologie.

Les maîtres d'escrime et de gymnastique, les tambours, les clairons et les trompettes sont détachés des corps de troupe (1).

Un détachement de cavaliers de remonte est attaché à l'Ecole pour le service de la section de cavalerie.

Des adjudants pris dans les diverses armes sont chargés des détails du service de police de l'établissement et adjoints aux officiers instructeurs.

Régime.

119. — L'emploi du temps est réglé par un conseil d'instruction pris dans l'état-major de l'École et dans le personnel d'enseignement.

120. — L'instruction est dirigée vers un but uniquement militaire.

121. — Le séjour des élèves à l'Ecole est de deux ans, en principe. Nul ne peut y rester plus de trois ans. La faculté d'y passer une troisième année n'est accordée que dans le cas où des circonstances graves auraient occasionné aux élèves une suspension forcée de travail.

122. — Un conseil de discipline composé exclusivement d'officiers de l'Etat-major de l'Ecole provoque toutes les mesures nécessaires au maintien de l'ordre. L'expulsion d'un élève, quand elle a été

---

(1) Ils doivent arriver à l'École avec les vêtements de 2e tenue strictement indispensables pour faire la route, sauf ceux de l'artillerie et les infirmiers dont la tenue n'est pas changée à l'Ecole et qui reçoivent seulement la coiffure, l'équipement et l'armement par les soins de cet établissement. (*N. M.* 23 *déc.* 1872, *J. M. p.* 916.)

reconnue nécessaire, est ordonnée par le Ministre. L'élève est alors dirigé sur un des corps de l'armée comme sous-officier, caporal ou soldat, suivant les circonstances.

123. — Les permutations entre l'arme de l'infanterie et celle de la cavalerie ne sont pas permises à l'Ecole; des causes d'infirmités, seules, peuvent faire passer un élève de la section de cavalerie dans la section d'infanterie, et après l'avis favorable d'une commission *ad hoc* (1-73, 574.)

124. — Trois jurys, pris dans l'Ecole, fonctionnant sous la présidence du général, procèdent aux examens de fins de cours et d'année : l'un est chargé de la partie scientifique, le 2e de la partie littéraire, le 3e des théories et règlements.

Le jury de sortie dresse ensuite une liste générale, par ordre de mérite, des élèves d'infanterie et de cavalerie aptes à être promus sous-lieutenants.

125. — Les élèves qui ne peuvent satisfaire aux examens de sortie peuvent être placés dans les corps comme caporaux, brigadiers, sergents ou maréchaux des logis, s'ils ont le temps de service voulu pour être nommés à ces grades.

126. — Les élèves nommés sous-lieutenants de cavalerie vont, à la sortie de l'Ecole spéciale militaire, passer une année à Saumur comme officiers élèves. — (*V.* 40, § 2°.)

Administration et comptabilité.

127. — L'administration de l'Ecole est exercée, dirigée, surveillée et contrôlée d'après les règles applicables aux corps de troupe.

128. — Le conseil d'administration se compose :

1° Du commandant en second de l'Ecole, président;
2° Du commandant du bataillon d'infanterie ou de la section de cavalerie;
3° Du major, rapporteur;
4° Du trésorier, secrétaire;
5° De deux capitaines renouvelés tous les ans;
6° De l'officier d'administration comptable du matériel.
Tous les membres ont voix délibérative.

129. — Le conseil établit le budget de chaque exercice ainsi que les demandes de fonds pour les dépenses de chaque trimestre.

130. — Toute dépense extraordinaire doit être autorisée par le Ministre.

131. — Les professeurs non militaires sont soumis aux dispositions de la loi sur les pensions civiles. — (*V. en outre chapitre XIII ci-après.*)

CHAPITRE VII.

DE L'ÉCOLE POLYTECHNIQUE (1).

Objet de l'institution.

132. — L'Ecole polytechnique est spécialement destinée à former des élèves pour les services ci-après, savoir :

L'artillerie de terre,
Le génie militaire, le génie maritime,
La marine nationale, le corps des ingénieurs hydrographes,
Les ponts et chaussées et les mines,
Le corps d'état-major,
Les poudres et salpêtres,
Les lignes télégraphiques,
L'administration des tabacs.
Enfin pour les autres services publics qui exigent des connaissances étendues dans les sciences mathématiques, physiques et chimiques.

133. — L'admission dans les services ci-dessus après les examens de sortie est toujours subordonnée au nombre de places disponibles et au numéro de classement de l'élève.

Admission.

134. — Le nombre d'élèves à admettre est déterminé chaque année par le Ministre de la guerre. Nul n'est admis que par voie de concours. — (*V. pour l'inscription à la préfecture, l'art.* 96 *ci-dessus.*)

135. — Le mode, les conditions et l'époque des concours sont déterminés avant le 1er avril de chaque année par le Ministre de la guerre, qui arrête et fait publier en même temps dans le *Journal officiel* le programme des matières sur lesquelles doivent porter les examens. (*V. le n° du* 5 *février* 1872.)

136. — Nul ne peut concourir s'il n'a préalablement justifié :

1° Qu'il est Français ou naturalisé Français ;
2° Qu'il a été vacciné ou qu'il a eu la petite vérole ;
3° Qu'il a eu plus de 16 ans et moins de 20 ans au 1er janvier de l'année du concours.

Toutefois les sous-officiers, les caporaux ou brigadiers et les soldats des corps de l'armée, âgés de plus de vingt ans et qui justifient de deux ans de service effectif et réel sous les drapeaux, au 1er janvier qui suit l'époque des examens, peuvent se présenter pourvu qu'ils n'aient pas dépassé l'âge de vingt-cinq ans au 1er juillet de l'année du concours.

---

(1) D. 15 avril 1873, J. M. p. 379. — L. 5 juin 1850, J. M. t. V, p. 107.

Pour obtenir l'autorisation de concourir, ces militaires doivent produire un certificat du conseil d'administration de leur corps constatant la durée de leur service, ainsi qu'un certificat de bonne conduite. — 98.

137. — Les militaires admis après l'âge de vingt ans ne peuvent être placés, à leur sortie, que dans les services de l'armée.

138. — Après la clôture des examens, la liste des admissibles est dressée par un jury composé :

Du commandant de l'Ecole, président,
Du commandant en second,
Du directeur des études,
Des examinateurs d'admission,
Et de trois membres du conseil de perfectionnement désignés à cet effet par ce conseil.

139. — Le Ministre de la guerre nomme les élèves.

140. — Ne peuvent être reçus à l'Ecole, les jeunes gens qu'un vice de conformation ou une infirmité mettrait hors d'état d'en suivre les cours, ou rendrait impropres aux services publics.

141. — Un certain nombre d'étrangers reconnus aptes peuvent être admis à suivre les cours, mais seulement comme auditeurs externes.

142. — Le prix de la pension est de 1000 fr. par an ; celui du trousseau est d'environ 600 fr. ; mais des bourses ou des demi-bourses doivent être accordées à tous les jeunes gens qui ont préalablement fait constater l'insuffisance des ressources de leur famille pour leur entretien dans l'Ecole. (*V. en outre ci-dessus, art.* 105, 115 *et suiv.*) (1).

Les bourses et les demi-bourses sont accordées par le Ministre de la guerre, sur la proposition des conseils d'administration et d'instruction de l'Ecole.

143. — Il peut être alloué, sur la proposition des mêmes conseils, 1° à chaque boursier ou demi-boursier, un trousseau ou demi-trousseau à son entrée à l'Ecole ; 2° à chaque boursier ou demi-boursier nommé officier après avoir satisfait aux examens de sortie, la 1re mise d'équipement militaire attribuée, dans l'arme où ils doivent entrer, aux sous-officiers promus officiers.

Personnels.

144. — Les personnels de l'Ecole sont les suivants :

Personnel du commandement : un général commandant l'Ecole, un colonel ou lieutenant-colonel commandant en second et pris dans les corps militaires qui s'alimentent à l'Ecole, quatre à six capitaines inspecteurs des études et commandants de compagnie, et quatre à six adjudants selon les besoins du service ;

Personnel de l'enseignement, composé de militaires et de civils, professeurs, répétiteurs, examinateurs et maîtres de dessin ;

---

(1) Ce qui a été dit pour les bourses et les trousseaux de l'École spéciale militaire s'applique aussi à ceux de l'Ecole polytechnique.

Personnel administratif, composé d'un administrateur, d'un bibliothécaire, d'un trésorier, garde des archives, d'un garde du matériel et de trois conservateurs des collections scientifiques. Tous ces fonctionnaires sont des civils, le trésorier et le garde du matériel fournissent un cautionnement;

Personnel du service de santé, comprenant deux médecins, un militaire et un civil.

Régime et fonctionnement.

145. — La durée des cours d'études est de deux ans, à moins de circonstances graves. Aucun élève ne peut être autorisé à passer plus de trois ans à l'Ecole.

146. — L'Ecole est soumise au régime militaire; les élèves sont casernés et forment 4 compagnies; c'est-à-dire deux divisions, la 1re composée des élèves ayant terminé leur 1re année d'études; la seconde de ceux nouvellement admis.

147. — Un conseil spécial institué dans l'Ecole est chargé de résumer deux fois par an les notes relatives à chaque élève.

148. — Un conseil de discipline est spécialement institué pour prononcer sur le compte des élèves qui, par des fautes graves ou pour inconduite habituelle, se mettraient dans le cas d'être exclus de l'Ecole. Ce conseil propose l'exclusion s'il y a lieu; le Ministre de la guerre statue.

149. — A la fin du 1er semestre de l'année scolaire, il est fait un classement à la suite duquel le jury fonctionnant sous la présidence du commandant de l'Ecole prononce l'exclusion des élèves dont l'instruction est insuffisante dans chaque division.

150. — Les examens de fin d'année ont lieu après la clôture des cours :

1° Pour le passage des élèves de 1re année à la 1re division; 2° pour déterminer quels sont les élèves de la 1re division (2e année) admissibles dans les services publics.

151. — L'école possède en outre un conseil d'instruction qui donne son avis sur les questions touchant l'enseignement et les études; et un conseil de perfectionnement qui est chargé de la haute direction de l'enseignement et de son amélioration dans l'intérêt des services publics et en vue des écoles d'application, et d'arrêter les programmes d'examen, d'enseignement et l'emploi du temps des élèves.

Administration et comptabilité.

152. — Un conseil d'administration est chargé de diriger et de régler toutes les affaires administratives de l'Ecole.

153. — Ce conseil est composé :

Du commandant de l'École, président;
Du commandant en second;
Du directeur des études;

De deux professeurs désignés par le Ministre;
De deux capitaines désignés, à tour de rôle, par le général.
L'administrateur et le trésorier siègent au conseil, l'un comme rapporteur avec voix délibérative, l'autre comme secrétaire avec voix consultative.

Les membres temporaires du conseil sont renouvelés chaque année, par moitié, à la reprise des études.

154. — Le conseil ne peut délibérer qu'autant que la moitié plus un des membres sont présents.

155. — Lorsqu'il y a lieu de nommer à l'un des emplois administratifs, le conseil d'administration présente deux candidats au Ministre, après avoir consulté le conseil d'instruction, s'il s'agit d'un conservateur des collections scientifiques, et procédé, pour la désignation, au scrutin secret.

156. — Ces dispositions sont applicables à tous les conseils institués dans l'Ecole.

157. — Le fonctionnement du conseil est d'ailleurs semblable à celui des corps de troupe, et l'intendance militaire, ainsi qu'un général de division inspecteur général, exercent à son égard une surveillance et un contrôle analogues.

158. — Les officiers et les sous-officiers en activité de service, employés à l'Ecole, reçoivent sur le budget du département de la guerre (chapitres IV et VI), la solde afférente à leur grade, conformément aux tarifs et aux règlements en vigueur.

Toutes les autres dépenses, ainsi que les traitements des fonctionnaires civils et des employés d'administration, incombent au même budget (chapitre des écoles). (*V. le tarif annexé au règlement du* 15 *avril* 1873, *J. M. p.* 394.) — 460.

159.—Le conseil d'administration dresse chaque année un projet de budget et, trimestriellement, des demandes de fonds pour le service de l'établissement, et les soumet à l'approbation du Ministre.

CHAPITRE VIII.

DES ÉCOLES D'APPLICATION

D'état-major (1).

OBJET.

160. — L'École d'application d'état-major a pour but de former des officiers pour le service des états-majors. Elle est établie près le dépôt de la guerre, à Paris.

ORGANISATION.

161. — L'École est commandée par un général de brigade d'état-major. Cet officier général a sous ses ordres, tant pour la police et la discipline des élèves, que pour leur instruction sur les exercices et manœuvres d'infanterie et de cavalerie, un lieutenant-colonel commandant en second et directeur des études, et un chef d'escadron sous-directeur des études.

L'état-major de l'Ecole est complété par trois capitaines d'état-major.

Le personnel des professeurs comprend des officiers, un sous-intendant militaire et des civils.

Le cadre de l'Ecole comporte en outre : un médecin principal, un vétérinaire, un trésorier, bibliothécaire et archiviste.

162. — Une commission spéciale pour les examens et la direction des études est instituée à l'Ecole et se compose : d'un général de division, président ; du directeur ou chef du dépôt de la guerre ; du commandant de l'Ecole d'application; de quatre colonels ou lieutenants-colonels d'état-major ; d'un officier supérieur employé au dépôt de la guerre, secrétaire. Des professeurs attachés à l'école sont appelés dans le sein de la commission pour y participer aux examens d'admission et de sortie.

ADMISSION ET CLASSEMENT DES ÉLÈVES.

163. — Le Ministre de la guerre détermine chaque année le chiffre des élèves qui doivent être admis à l'Ecole d'application d'état-major, ainsi que le nombre des élèves de l'école polytechnique à comprendre dans ces admissions.

En temps ordinaire le nombre des élèves à admettre chaque année est de 25. Trois places sont réservées aux élèves de l'Ecole polytechnique ; les autres sont données au concours. — V. 191.

(1) O. 6 mai 1818, J. M. t. I. p. 11. — D. 24 avril 1858, J. M. t. VIII. p. 511. — N. M. 1er juillet 1873, J. M. p. 6. — O. 23 février 1833, J. M. t. II, p. 187.

164. — Sont admis à concourir, sur leur demande :

1° Les élèves de l'Ecole spéciale militaire désignés dans l'ordre successif des numéros de mérite, en nombre double de celui fixé pour le recrutement de l'Ecole d'application.

2° Les sous-lieutenants de toutes armes de l'armée de terre en activité, à l'exception des sous-lieutenants anciens élèves de l'Ecole polytechnique, et qui auront au 1er octobre de l'année de l'examen un an de grade au moins.

Les candidats, officiers ou élèves, ne doivent pas avoir vingt-cinq ans accomplis à la date indiquée ci-dessus.

165. — Tout sous-lieutenant de l'armée qui se propose de concourir doit adresser, par la voix hiérarchique, sa demande au général commandant la division.

Le général y joint son avis ainsi que tous les renseignements qu'il a pu recueillir sur l'officier; ces renseignements sont accompagnés des notes semestrielles inscrites au registre du personnel et du relevé des punitions.

166. — Les demandes doivent, sous peine de rester sans effet, arriver au ministère de la guerre avant le 31 août (1).

Le Ministre désigne les sous-lieutenants qui sont admis à prendre part au concours et les autorise à se rendre à Paris, aussitôt que l'époque du concours a été fixée.

167. — Les examens sont subis devant la commission indiquée à l'art. 162.

168. — Le programme des examens est le même que celui de sortie de Saint-Cyr auquel s'ajoutent des épreuves écrites, des fragments de dessin exécutés sous les yeux de la commission, et enfin des exercices équestres, propres à faire constater, sous ce rapport, l'aptitude de chaque candidat au service spécial du corps d'état-major.

Les candidats sont, en outre, interrogés sur les connaissances mathématiques dont le programme suit :

1re PARTIE. — *Arithmétique.*

Proportions. — Progressions. — Logarithmes.

2me PARTIE. — *Algèbre.*

Avantages des signes et des notations algébriques. — Multiplication et division des polynômes. — Résolution des équations du 1er degré à plusieurs inconnues. — Résolution d'une équation du 2me degré à une inconnue. — Théorie des exposants entiers ou fractionnaires, positifs ou négatifs.

3me PARTIE. — *Géométrie.*

Surfaces et volumes. — Applications diverses.

4me PARTIE. — *Trigonométrie.*

Définition des 6 lignes géométriques des arcs. — Relations qui les lient toutes à l'une quelconque d'entre elles. — Marche géné-

(1) Parfois avant le 1er août.

rale qu'elles suivent quand les arcs varient de grandeur ou de signe. — Rapport qui existe entre les lignes trigonométriques des arcs et celles des angles qu'ils mesurent. — Résolution des triangles rectangles et des triangles obliquangles. — Formules qui donnent les sinus et les cosinus de la somme ou de la différence de deux angles en fonction des lignes trigonométriques de ceux-ci. Cas particulier de l'angle double d'un autre. — Formules qui permettent de changer la somme ou la différence de deux sinus ou de deux cosinus d'angles en produits de sinus ou de cosinus d'angles formés avec les premiers par voie d'addition et de soustraction. — Notions générales de trigonométrie sphérique.

Les candidats doivent être munis d'une petite table de logarithmes.

169. — Des questionnaires sont préparés sur les différentes matières de cet examen, et les questions sont tirées au sort comme cela a lieu pour les examens de sortie de St-Cyr.

170. — Les élèves reçoivent la solde de sous-lieutenant. Ils restent deux ans à l'Ecole d'application. Pendant ce temps, ils continuent de compter à leurs corps respectifs.

171. — Ils sont répartis en deux divisions : la 1re est composée des élèves qui suivent les cours de seconde année, et l'autre des élèves nouvellement admis.

Les élèves subissent un examen à la fin de leur première année d'études pour passer à la division supérieure.

INSTRUCTION ET SORTIE DES ÉLÈVES.

172. — Des cours sont établis à l'École sur les connaissances suivantes :

1° Géographie et statistique, topographie, dessin, lever de la carte et reconnaissances militaires ;
2° Eléments d'artillerie ;
3° Fortification passagère, attaque et défense des places ;
4° Art, histoire et administration militaires ;
5° Equitation.

Ces cours sont faits par des officiers d'état-major, d'artillerie, du génie, de cavalerie et un sous-intendant militaire, détachés de leurs corps respectifs à cet effet.

173. — Chaque année, les élèves sont employés pendant trois mois sous la direction des professeurs, à des levers de terrain et à des reconnaissances militaires.

174. — Ils sont, d'après l'examen de sortie, divisés en deux classes, savoir :

La 1re composée des élèves qui, ayant satisfait aux conditions de cet examen, sont admissibles dans le corps de l'état-major ;

La 2e composée des élèves qui, n'ayant pas satisfait à ces conditions, ne sont pas admissibles dans ce corps.

Les élèves admissibles sont, à la date du 31 décembre, appelés dans l'ordre de leur numéro de sortie, à remplir les emplois de lieutenant vacants dans le corps d'état-major. (*N. M.* 8 *octobre* 1835, *J. M. t. II, p.* 749.)

Ceux qui se trouveraient en excédant du nombre des vacances prendraient dans leurs régiments respectifs l'emploi qui leur était réservé pendant le séjour à l'Ecole ; mais ils ont droit aux premiers emplois de lieutenant vacants dans leurs corps (1), au tour du choix.

Les élèves non admissibles reçoivent immédiatement la destination qui leur a été réservée dans les corps de cavalerie ou d'infanterie, mais sans droit aux premières vacances.

175. — Enfin les capitaines d'état-major ayant plus de deux ans de fonctions d'état-major et les officiers supérieurs d'état-major employés exécutent, d'après les ordres du Ministre ou des généraux de division, des travaux de reconnaissance et de statistique des frontières et des principaux points militaires, ainsi que des travaux historiques et critiques sur les guerres dont ils ont été le théâtre.

Tous ces travaux sont envoyés à la commission d'examen (162), notés, classés, et leurs auteurs sont récompensés s'il y a lieu.

ADMINISTRATION ET COMPTABILITÉ (2).

176. — L'Ecole d'application d'état-major est administrée d'après des règles analogues à celles établies pour le Prytanée et l'Ecole spéciale militaire. — 37, 127.

177. — Le Conseil d'administration est composé de cinq membres : le général commandant, président, — le colonel directeur des études, — le chef d'escadron, — deux capitaines pris parmi ceux employés à l'Ecole.

Le trésorier remplit les fonctions d'officier comptable pour les deniers et les matières. Il assiste au conseil avec voix consultative et y tient la plume.

178. — Les attributions du conseil sont les mêmes que celles des conseils de corps de troupe.

179. — Un sous-intendant est chargé de la surveillance administrative de l'école.

180. — Le conseil établit, pour chaque exercice, le budget des dépenses ordinaires calculées d'après les bases de l'organisation du personnel de l'école et les décisions relatives à son matériel.

181. — Les officiers de l'état-major, ceux d'instruction et les élèves sont payés sur les fonds de la solde de leur arme (chapitre IV ou VI du budget, suivant le cas). Le personnel civil et les cavaliers de manège sont payés sur le chapitre des écoles. Il en est de même des dépenses d'instruction, de chauffage, fournitures de bureau, entretien des bâtiments, etc.

182. — Les comptes sont réglés par trimestre et par exercice

(1) Dans leur arme, pour les élèves de l'infanterie et de la cavalerie, et tant que la loi du 5 janvier 1872 (J. M. p. 3), sera en vigueur.

(2) R. 8 juin 1827, J. M. p. 375.

comme dans les autres établissements de l'Etat. (*V. chapitre XIII ci-après.*)

De l'artillerie et du génie (1).

OBJET.

183. — L'École d'application de l'artillerie et du génie, de Fontainebleau, a été instituée pour donner aux élèves provenant de l'Ecole polytechnique, jugés aptes à servir dans les armes de l'artillerie et du génie, l'instruction spéciale propre à ces deux armes.

ORGANISATION.

184. — L'École comprend un état-major, des professeurs, des employés et des agents subalternes.

Le fonctionnement est assuré par un conseil supérieur, qui se forme parfois en conseil d'instruction, et un conseil d'administration.

185. — L'état-major se compose d'un général de brigade attaché au service du génie ou de l'artillerie, commandant, d'un colonel ou lieutenant-colonel commandant en second et choisi dans l'arme à laquelle n'est pas attaché le commandant de l'Ecole, d'un chef d'escadron d'artillerie, d'un chef de bataillon du génie, de cinq capitaines d'artillerie, de trois capitaines du génie et d'un médecin principal ou major.

Les officiers ne peuvent rester employés plus de cinq ans à l'Ecole; le commandement de l'École passe de l'arme de l'artillerie à celle du génie alternativement.

Le commandant en second est chargé, sous l'autorité du général, de la direction des études, de la police et de la discipline, ainsi que de tous les détails du service et de l'administration.

186. — Le personnel de l'enseignement est composé d'officiers de l'armée, excepté le maître de dessin qui est civil.

187. — Les employés sont d'anciens officiers de l'artillerie ou du génie, des gardes de ces deux armes et deux civils : l'artiste mécanicien et le lithographe.

Il existe en outre divers employés subalternes, à la nomination du commandant de l'Ecole, tels que le maître d'escrime, les écrivains, les desssinateurs, etc.

ADMISSION ET CLASSEMENT DES ÉLÈVES.

188. — L'École n'est composée que d'élèves sortant de l'École polytechnique, destinés à devenir officiers de l'artillerie ou du génie de l'armée de terre, ou officiers de l'artillerie de l'armée de mer.

189. — Ils sont pourvus, au moment de leur admission, du titre de sous-lieutenant, et prennent rang entre eux d'après le

(1) D. 14 août 1867, J. M. p. 85; — 18 octobre 1871, J. M. p. 381.

numéro de mérite obtenu aux examens de sortie de l'École polytechnique.

Si des élèves étaient admis avant d'avoir accompli les deux années à l'Ecole polytechnique, ils ne seraient nommés sous-lieutenants qu'après l'expiration du temps voulu. En attendant cette nomination, ils continueraient à porter l'uniforme de l'Ecole polytechnique.

190. Les élèves restent deux ans à l'Ecole. Ils sont classés en deux divisions, la première division est composée des élèves qui suivent les cours de la 2e année; la 2e division est formée des élèves nouvellement admis. Le passage de la 2e division à la 1re n'a lieu qu'après examen.

191. — On compte aux élèves, soit pour la retraite, soit pour les décorations militaires, quatre années de service d'officier à dater du jour de leur admission à l'Ecole d'application.

INSTRUCTION, POLICE ET DISCIPLINE.

192. — L'instruction donnée aux élèves comprend :

1° Celle qui est commune aux deux armes de l'artillerie et du génie ;
2° Celle qui est spéciale pour les élèves de l'artillerie ;
3° Celle qui est spéciale pour les élèves du génie.

Les polygones de l'artillerie et du génie sont utilisés pour les manœuvres, exercices et travaux pratiques des élèves.

193. — Les élèves sont soumis à toutes les lois pénales et de police militaire.

Tout élève dont les torts, sans être de nature à le rendre justiciable d'un tribunal militaire, sont cependant assez graves pour entraîner une punition en dehors des peines de discipline ordinaire, peut être exclu momentanément de l'Ecole et mis en non-activité par suspension d'emploi, d'après une décision du président de la République prise sur le rapport du Ministre de la guerre.

Tout élève qui commet des fautes graves contre la discipline ou contre l'honneur, peut être exclu définitivement de l'Ecole et de l'armée par réforme.

EXAMEN ET SORTIE DES ÉLÈVES.

194. — Chaque année un jury procède aux examens des élèves des deux divisions de l'Ecole.

Ce jury est composé de sept membres désignés chaque année par le Ministre de la guerre, et choisis en dehors des officiers attachés à l'Ecole ; savoir :

Un général de division pris alternativement parmi ceux qui sont attachés à l'une ou à l'autre arme, président ;
Un général de brigade attaché au service de l'artillerie ;
Un général de brigade attaché au service du génie ;
Deux officiers supérieurs d'artillerie, } *examinateurs.*
Deux officiers supérieurs du génie }

Les examinateurs sont partagés en deux sections fonctionnant simultanément. Après les examens, le jury détermine le classement des élèves des deux divisions ; règle l'ordre d'admission des élèves de la 1re dans les services de l'artillerie et du génie, l'ordre de mérite des élèves de la 2e division et signale ceux qui ont besoin de redoubler leur année d'études avec la promotion suivante.

195. — Dans aucun cas un élève ne peut rester à l'École plus de trois années.

Ceux qui ne satisfont pas aux examens de sortie et ceux qui, deux années de suite ont été reconnus incapables de passer en première division, sont mis en non-activité par suspension d'emploi.

196. — Le procès-verbal des opérations du jury est adressé par son président au Ministre de la guerre.

ADMINISTRATION ET COMPTABILITÉ.

197. — Le conseil d'administration est composé ainsi qu'il suit :

Le commandant en second, président ;
Le chef d'escadron d'artillerie, *membres.*
Le chef de bataillon du génie, *membres.*
Un capitaine de l'état-major choisi dans l'arme dont ne fait point partie le commandant en second, *membres.*
Un professeur militaire ; — ces deux derniers désignés chaque année par l'inspecteur général, *membres.*
Le trésorier, secrétaire, avec voix consultative.

198. — Le conseil est chargé :

1° Des détails de l'administration et des comptabilités-finances et matières;
2° De surveiller l'emploi des fonds affectés aux diverses dépenses de l'Ecole, d'après la répartition approuvée par le Ministre ;
3° De passer les marchés et de procéder aux acquisitions et réceptions. Les marchés sont approuvés par le général commandant ;
4° De faire dresser, de vérifier et d'arrêter les inventaires ;
5° De proposer le projet de budget de l'Ecole d'après les bases posées par le conseil d'instruction.

199. — Le conseil se réunit sur la convocation de son président qui en prévient le général commandant. Celui-ci prescrit la réunion du conseil chaque fois qu'il le juge nécessaire.

200. — La comptabilité est tenue conformément aux règles prescrites pour le service du génie dans les places, sauf les exceptions portées dans le règlement d'administration particulier à l'Ecole.

Le général commandant l'École remplit les fonctions attribuées aux directeurs des fortifications, et le commandant en second celles de commandant du génie.

201. — Les militaires attachés à l'École reçoivent le traitement d'activité et les indemnités réglées pour leur grade par les lois, ordonnances et décrets sur la solde. — 214.

202. — Le traitement des fonctionnaires et employés civils est fixé par le tarif inséré au Journal militaire, t. III, p. 670 et suivantes. (*V. en outre chap. XIII ci-après, art.* 460 *et suiv.)*

De la médecine et de la pharmacie militaires (1).

OBJET.

203. — L'École d'application instituée près de l'hôpital du Val-de-Grâce, à Paris, a pour but d'initier les élèves du service de santé militaire reçus docteurs (v. 69) à l'exercice spécial de l'art de la médecine et de la pharmacie dans l'armée, de compléter leur instruction pratique, de leur faire connaître les règlements, les lois et les décrets qui régissent l'armée dans ses rapports avec le service de santé.

ADMISSION.

204. — Les élèves reçoivent un traitement et une première mise d'équipement.

205. — Ils subissent, à leur arrivée à l'École, un examen de classement.

206. — Le stage qu'ils ont à faire à l'École commence le 1er mai et se termine avec le mois d'août.

ORGANISATION ET FONCTIONNEMENT DE L'ÉCOLE.

207. — Les personnels de l'École sont ceux de : direction, enseignement, administration ; savoir :

1 inspecteur du service de santé, directeur ;
1 médecin principal, sous-directeur ;
Des aides-majors surveillants, en nombre suffisant ;
7 professeurs et autant d'agrégés attachés à chacun des sept enseignements suivants :

Clinique médicale,
Clinique chirurgicale,
Hygiène et médecine légale militaire,
Maladies et épidémies des armées,
Anatomie des régions,
Médecine opératoire et appareils,
Toxicologie et chimie appliquées à l'hygiène et aux expertises dans l'armée.

1 médecin bibliothécaire conservateur des collections (2).
1 pharmacien conservateur du musée botanique ;
1 officier d'administration chargé, sous le contrôle de l'intendance militaire, de tout ce qui concerne la gestion administrative de l'Ecole. (*V. ci-après chap. XIII.*)

208. — Le programme de l'enseignement est inséré au Journal militaire officiel, tome V, p. 495.

209. — Les élèves sont soumis aux obligations de la discipline militaire. Ils sont casernés s'il y a possibilité ; dans le cas contraire,

(1) D. 12 juin 1856, J. M. t. VII, p. 195. — R. 13 nov. 1852, J. M. t. V, p. 494.
(2) V. au sujet de ses attributions quant à la bibliothèque, le règlement du 29 septembre 1858, J. M. t. VIII, p. 592.

ils sont astreints à demeurer dans le voisinage de l'École. Ils prennent leurs repas en pension comme les officiers de l'armée.

INSTRUCTION ET SORTIE DES ÉLÈVES.

210. — Les médecins et les pharmaciens stagiaires entrés comme docteurs, c'est-à-dire avec les notions théoriques de l'art, doivent posséder à leur sortie de l'Ecole la pratique responsable de cet art dans les corps de troupe, les ambulances et les hôpitaux.

A cet effet, des interrogations et des épreuves pratiques ont lieu de deux mois en deux mois.

En outre, les élèves sont soumis à un examen de sortie qui a pour but de mettre le Ministre de la guerre à même de se prononcer sur la collation du brevet du grade dont ils sont investis par commission ministérielle.

La conduite et les notes disciplinaires durant le cours du stage sont cotées comme l'instruction, pour régler le classement définitif et le rang de sortie.

211.— On compte aux élèves, soit pour la retraite, soit pour les décorations, 5 années de service à dater du jour de leur nomination au grade d'aide-major de 2e classe.

ADMINISTRATION.

212. — Les règles générales d'administration et de comptabilité de l'Ecole spéciale militaire et du Prytanée sont applicables à l'Ecole d'application de la médecine et de la pharmacie militaires.

213. — La solde du personnel militaire est imputée sur les crédits du chapitre de la solde au budget de la guerre. Les traitements du personnel civil sont seuls acquittés sur le chapitre des écoles.

214. — Les officiers de santé attachés à l'Ecole reçoivent la solde de leur grade, augmentée du supplément du tiers *comme dans les autres écoles militaires.*

Au moment de son admission au stage, l'élève reçoit l'allocation d'une gratification de première mise d'équipement fixée à 500 fr. et qui est payée en deux fois; savoir :

250 fr. au commencement du stage,

Et 250 au moment de la nomination *effective* au grade de médecin ou de pharmacien aide-major de 2e classe. (*Tarif n° 47, J. M. t. III, p.* 769).

215. — L'Ecole est inspectée annuellement par un inspecteur médical, d'après les mêmes règles que celles en usage dans les autres écoles ressortissant au ministère de la guerre.

CHAPITRE IX.

DES ÉCOLES RÉGIMENTAIRES.

Écoles du 1er et du 2me degré (1).

216. — Ces écoles ont pour objet de former une pépinière de sujets capables pour les emplois de sous-officier et d'ouvrir par ce moyen, aux soldats, l'honorable et glorieuse carrière qui conduit aux grades les plus élevés, ou de leur ménager l'avantage de rapporter au foyer domestique l'instruction qu'ils auront reçue au drapeau et d'en faire, par cela même, un gage de prospérité pour la famille.

1er DEGRÉ (2).

217. — L'enseignement du 1er degré est primaire et mutuel et se donne par compagnie, escadron ou batterie, sous la responsabilité des capitaines. Il doit se borner à la lecture, à l'écriture et aux éléments du calcul comprenant les quatre règles.

218. — Dans la saison d'hiver les soirées doivent être utilisées pour l'enseignement primaire des hommes illettrés. L'école a lieu tous les jours, le dimanche excepté. Elle n'est interrompue que pendant un mois, à dater du jour de la clôture de l'inspection générale (1-73, 263).

219. — Chaque séance est de deux heures, une heure et demie pendant les soirées d'hiver (1-72, 612).

220. — Les moniteurs sont choisis parmi les sous-officiers, les caporaux et les soldats de la compagnie. Ils n'ont droit à aucune rétribution.

221. — Aucun local n'est affecté à cet enseignement; les chambrées sont utilisées dans ce but.

222. — Les officiers supérieurs doivent surveiller les divers exercices de l'instruction. Un rapport établi à la fin de chaque mois, par le lieutenant-colonel et mis à l'ordre du jour, signale les capitaines qui se sont fait remarquer par leur zèle ou leur négligence.

2me DEGRÉ (3).

223. — Les cours du second degré comprennent trois divisions; savoir :

1° La 3e division, école primaire mutuelle, obligatoire pour tous

(1) Art. 69 de la loi du 27 juillet 1872, J. M. p. 155. — C. M. et règ. 28 déc. 1835, J. M. t. II, p. 754 et 757.
(2) C. M. 21 janvier 1872, J. M. p. 373.
(3) C. M. 11 septembre 1873, J. M. p. 331; — 24 mars 1873, J. M. p. 262.

les sous-officiers et les caporaux qui ne possèdent pas d'une façon satisfaisante les matières enseignées au 1er degré dans les compagnies ;

2° La 2me division, école primaire également obligatoire, avec l'enseignement simultané, où les sous-officiers, les caporaux et les soldats ayant satisfait aux examens de sortie de la division inférieure, reçoivent des notions de grammaire française pour la connaissance de l'orthographe et du style, d'arithmétique au point de vue des applications pratiques, de comptabilité d'une compagnie et les premiers rudiments de la géographie et de l'histoire. (*V. le programme du 17 septembre* 1853, *J. M. t. V, p.* 760).

3° La 1re division, cours dit *facultatif*, fréquenté par les sous-officiers qui aspirent à l'épaulette et les caporaux et les soldats que leur instruction met à même de suivre un cours supérieur à celui qui précède. L'enseignement est simultané et comprend (*V. les programmes du* 17 *septembre* 1853, *J. M. t. V, p.* 760 *et* 770) :

La grammaire française,
L'arithmétique,
Des notions élémentaires de géométrie, de fortification passagère, de topographie, d'histoire et de géographie.

224. — Dans les manufactures d'armes, un capitaine d'artillerie, assisté d'un employé, fait aux ouvriers un cours de géométrie élémentaire et de dessin linéaire. (*V.* 1-73, 1023.)

DISPOSITIONS COMMUNES.

225. — Aucune méthode n'a été prescrite pour les enseignements du 1er et du 2e degré. En ce qui concerne le 1er degré, toute latitude, à cet égard, est laissée aux commandants de compagnie. Pour le second degré, un officier, du grade de lieutenant ou de sous-lieutenant dans l'infanterie, de capitaine en second dans la cavalerie et l'artillerie et subsidiairement un lieutenant en premier, dirige les écoles sous l'autorité et la surveillance du major. Dans un bataillon détaché cette surveillance incombe à l'officier qui remplit les fonctions de major.

226. — Le directeur est nommé par le colonel, sur la présentation du major.

En principe, lorsque le régiment est divisé, il doit rester avec la portion la plus forte du corps, et, en cas d'égalité de partage, avec le colonel.

227. — Le directeur est secondé par des officiers qui lui sont adjoints pour les cours de la 3e et de la 2e division, et même pour certains cours spéciaux de la 1re division.

Il désigne parmi les meilleurs élèves des deux premières divisions les moniteurs de la 3e division. Ces moniteurs ne reçoivent aucune rétribution.

228. — Un sous-officier, avec le titre de secrétaire, est mis à la disposition du directeur des écoles pour la tenue des écritures et la conservation du matériel. Ce sous-officier est désigné par le colo-

nel sur la présentation que lui en fait le major à la suite de la proposition du directeur des écoles.

229. — Chaque corps ou détachement de corps peut ouvrir une école régimentaire. (*D. I.* 26 *octobre* 1866.)

230. — Tous les enfants de troupe, dès l'âge de sept ans, doivent suivre les cours.

231. — L'article 218 est applicable aux cours du 2e degré.

232. — Les élèves sont admis aux écoles de la manière suivante :

Chaque capitaine remet au major la liste des élèves aptes à suivre les différents cours (*modèle au J. M. t. II, p.* 773). Les motifs de chaque demande d'admission sont énoncés à la suite des noms.

La liste générale des élèves de chaque école est arrêtée par le colonel.

233. — A la fin de chaque trimestre, l'ordre du jour du corps doit signaler les sujets qui ont obtenu le plus de succès dans les cours; leurs noms sont affichés dans un lieu apparent de l'école pendant la durée du trimestre suivant. Il leur est tenu compte de cette mention lors de la formation des listes d'avancement et de la délivrance des semestres. (1-73, 263.)

234. — Les sous-officiers ne peuvent être portés sur le tableau d'avancement qu'après avoir subi, devant l'inspecteur général, un examen constatant qu'ils écrivent et parlent correctement la langue française et qu'ils possèdent d'une manière satisfaisante les autres connaissances indiquées au programme du 17 septembre 1853. (*J. M. t. V.*) — *V.* 223, § 3o, *ci-dessus.*

235. — La radiation et l'expulsion des cours, demandées au major par le directeur des écoles, sont prononcées par le colonel.

236. — L'enseignement donné dans les corps doit être l'objet d'une surveillance toute particulière des généraux de brigade. Ces officiers généraux doivent rendre compte aux généraux de division des diverses questions qui pourraient s'élever au sujet des méthodes ou de la meilleure impulsion à donner à l'enseignement. (*V. au J. M. t. III et IV les D. M.* 7 *juin* 1840, 10 *février* 1841 *et* 23 *février* 1843.)

ÉCOLE DES ENGAGÉS CONDITIONNELS D'UN AN (1).

237. — Indépendamment des théories proprement dites, dont nous n'avons pas à nous occuper dans cet ouvrage, il est fait aux engagés d'un an des cours sur l'administration et la législation militaires, sur la fortification passagère et la topographie, et en outre, dans la cavalerie, sur la connaissance du cheval; dans le génie des cours de mathématiques, de dessin, de levers de plans.

(1) R. prov. 25 octobre 1873, J. M. p. 343. — C. M. 4 mai 1873, J. M. p. 420. — Programmes d'études pour les engagés conditionnels de seconde année 1-74, 139.

238. — Dans toutes les armes, on doit donner à ceux d'entre eux dont l'instruction a été négligée, des notions indispensables pour leur permettre de suivre les cours ci-dessus indiqués.

239. — L'officier chargé de l'instruction des volontaires d'un an dirige ces différents cours ; le chef de corps peut lui adjoindre un ou plusieurs officiers pour faire les cours spéciaux.

DU MATÉRIEL (1).

240. — Le mobilier de chaque école régimentaire est composé comme il suit :

1° *Objets fournis, entretenus et remplacés par le service du génie :*

Une estrade avec bureau pour le directeur. — Trois chaises. — Un nombre suffisant de bancs et de tables munies d'encriers ainsi que de montants destinés à recevoir une corde pour suspendre les modèles. — Un ou plusieurs tableaux noirs, suivant le nombre des élèves (3 pour 150, 2 pour 130, 1 pour 80. — (J. M. t. II, p. 768). — Un rang de liteaux à crochets pour suspendre les tableaux et les modèles d'enseignement. — Un rang de porte-manteaux à chevilles pour recevoir la coiffure des élèves. — Une armoire à deux battants fermant à clef et garnie de ses rayons.

2° *Objets achetés, entretenus et renouvelés par les corps :*

Le choix de ces objets, nullement déterminés pour le 1er degré depuis la suppression de la méthode Rolland, est laissé aux conseils d'administration, sauf l'approbation des fonctionnaires de l'intendance.

Les corps doivent utiliser le matériel restant de la méthode Roland qui peut se trouver en leur possession.

Ils sont spécialement autorisés à se procurer :

1° POUR LES COURS DU SECOND DEGRÉ :

Cartes de géographie ;		
Le cours de géographie avec atlas, par Cortambert ; prix......	6 fr.	00 c.
Le cours de fortification, par M. Parmentier —......	3	00
Le cours d'administration, par M. Ruffin ; —......	1	50
Le cours d'arithmétique, par M. Laplaine ; —......	1	50
Le cours de géométrie, id. —......	1	50
Le cours de grammaire française, par M. Guillot ; —......	1	50

Et divers objets accessoires énumérés au *Journal Militaire* (t. II p. 769), ainsi qu'une alidade de 4 à cinq décimètres, décrite à la page 472, t. III du même recueil ;

2° POUR L'ENSEIGNEMENT DE LA TOPOGRAPHIE AUX VOLONTAIRES D'UN AN :

Un alidade (double décimètre) pour quatre engagés à..................	0 fr.	60
Un rapporteur, pour quatre engagés à..................	«	50
Un carton-planche pour deux engagés à..................	«	75
Un déclinatoire pour quatre engagés à..................	1	25

(1) R. 30 juin 1856, J. M. t. VII, p. 241 et 247. — N. M. 20 déc. 1857, J. M. t. VIII, p. 408. — C. M. 29 mai 1872, J. M. p. 610 ; — 29 août 1872, J. M. p. 203 ; 4 mai 1873, J. M. p. 429 ; — 11 septembre 1873, J. M. p. 331.

En outre chaque corps est autorisé à posséder, et par conséquent à acheter, entretenir et renouveler, pour le fonctionnement des écoles du premier degré dans les chambrées, pendant l'hiver, savoir :

Deux lampes par compagnie d'infanterie, peloton hors rang des régiments d'artillerie, de pontonniers et par compagnie du train sur le pied de paix;

Trois lampes par escadron de cavalerie, batterie montée ou à cheval, compagnie de pontonniers sur le pied de paix, batterie montée de quatre, compagnie du train d'artillerie ou d'artificiers, détachée pour un service actif ou en Algérie;

Quatre lampes par batterie à pied ou à cheval, batterie montée de douze, batterie de montagne, compagnie de pontonniers, détachée pour un service actif ou en Algérie.

Ces appareils peuvent être en fer-blanc bronzé, brûlant l'huile de pétrole, à mèche ronde de douze lignes, munis d'une suspension et de deux réflecteurs abat-jour.

241. Les dépenses comprennent donc :

1° L'achat ou le remplacement des objets, livres ou traités et instruments que le Ministre a jugé ou jugerait nécessaires pour le service des écoles, et qui ne sont pas mis au compte du service du génie;

2° L'achat de papier, de plumes, de crayons et autres articles dont l'emploi, plus ou moins considérable, dépend de l'effectif des élèves admis dans chaque école;

3° Les lampes (240), au prix maximum de 7 fr. 50, accessoires comprises;

4° L'éclairage, à raison de 5 à 6 centilitres de pétrole par heure, soir 5 centimes par heure, 7 centimes et demi par soirée et par lampe d'école de compagnie.

242. — Avant de pourvoir au remplacement des livres et méthodes et du matériel propre à chaque régiment, les corps doivent soumettre au sous-intendant militaire les états de dépenses expliquant les motifs du remplacement et accompagnés, autant que possible, des objets mis hors de service, notamment en ce qui concerne les cahiers et les tableaux mutuels à l'usage des élèves.

S'il s'agit du remplacement du mobilier ou de parties du matériel à la charge du génie, de tableaux noirs, du tableau des lettres, de celui des chiffres, de celui des poids et mesures, des cartes géographiques, le conseil d'administration joint à sa demande un projet de procès-verbal explicatif.

Les autres menues dépenses telles que les acquisitions de papier, plumes, encre, repassage de canifs et autres objets de même nature sont seulement justifiées par des factures ou mémoires. (*C. M.* 19 *juin* 1840; *J. M. t. III.*)

Tout achat de livres et d'instruments dont l'usage n'est pas autorisé formellement par les règlements ou par des décisions ministérielles, ne peut avoir lieu sans une autorisation ministérielle spéciale.

243. — Toutes ces dépenses incombent au chapitre des écoles, dans le budget de la guerre. Toutefois, dans les régiments d'artillerie, du train d'artillerie et de cavalerie, la dépense de l'éclairage est mise au compte de la masse d'entretien du harnachement et

ferrage; dans le train des équipages, elle est au compte des fonds du matériel des équipages militaires. — *V. ci-après l'art.* 249.

244. — Les élèves sont responsables des dépenses occasionnées par leur faute et qui doivent être imputées sur leur masse individuelle. La même responsabilité pèse sur le directeur et les moniteurs, chacun en ce qui le concerne. Le directeur doit compte, d'ailleurs, des objets d'instruction confiés spécialement à sa surveillance.

245. Lors des changements de garnison, les corps n'emportent avec eux, de tous ces objets, que ceux qui sont d'un transport facile, entre autres :

Les évangiles, les syllabaires, les crayons, les porte-crayons, les méthodes d'écriture, et les autres manuels d'enseignement, etc., mais non les lampes.

Chaque corps doit avoir, à cet effet, une caisse fermant à clef.

246. — Lorsqu'un régiment est sur le point de changer de garnison, le sous-intendant militaire doit procéder, de concert avec le chef du génie, à l'examen du matériel mis à la disposition du corps afin de constater son état et d'exiger, s'il y a lieu, la prompte réparation des objets détériorés et le remplacement de ceux qui ne seraient pas représentés. Ces réparations ou remplacements sont mis soit au compte de qui de droit si la détérioration ou la perte résulte d'un fait personnel, soit au compte du crédit affecté au service des écoles régimentaires si elle provient de l'usage journalier.

Le matériel ainsi visité est remis au service du génie, d'après un inventaire dressé à la diligence du sous-intendant militaire et signé par l'officier de casernement. A chaque nouvelle occupation de la caserne, cet inventaire est remis à l'officier directeur des écoles pour que vérification en soit faite de nouveau en présence du sous-intendant : dans le cas où le directeur des écoles jugerait que certains objets du matériel ne sont point recevables, le fait serait constaté par un procès-verbal dressé par le sous-intendant, pour être envoyé au Ministre avec son avis.

L'expédition de l'inventaire visée par le sous-intendant, par l'officier de casernement, et par le directeur des écoles qui en conserve copie, reste déposée aux archives du génie.

247. — Indépendamment de l'inventaire établi lors des changements de garnison, il en est dressé un autre annuellement, par le sous-intendant militaire, en présence du directeur (1). Cet inventaire est joint aux comptes du 4e trimestre. La valeur des objets acquis dans le courant de l'année y est portée d'après le prix de facture, de manière que la somme des valeurs diverses corresponde directement avec le chiffre total des dépenses d'achat portées au compte en deniers. (*V. ci-après* 349).

(1) V. le modèle au J. M. t. III, p. 477.

ALLOCATIONS (1).

248.— Le Ministre a limité ainsi qu'il suit le chiffre des dépenses annuelles de chaque corps :

Régiment d'infanterie	1200 fr.
Bataillon de chasseurs	500
Régiment de cavalerie	600
Section d'ouvriers d'administration, d'infirmiers, de commis aux écritures	200
Corps de l'artillerie, par homme présent au corps ou détaché du corps	0,60 c.

En raison de la présence dans les corps des engagés volontaires d'un an, les crédits ci-dessus peuvent être dépassés, lorsque le chiffre des volontaires excède, dans l'infanterie, 50 par régiment, 20 par bataillon de chasseurs, et, dans la cavalerie, 25 par régiment.

Alors il est alloué une somme de 2 francs par an et par engagé volontaire pour assurer les fournitures de papier, plumes, encre, éclairage, etc.

249. — On a encore rattaché aux dépenses de ces écoles (2) l'achat des théories et des ouvrages divers nécessaires à l'instruction militaire proprement dite des sous-officiers, des caporaux, des élèves-caporaux et des engagés d'un an, et des placards pour les chambres de la troupe (3) ; mais les corps de troupe ne doivent point faire de dépenses pour ces achats, le Ministre s'en étant chargé.

Les conseils d'administration qui ont à remplacer quelques unes de ces publications en font la demande au ministère (*direction générale du personnel, 1er service, 1er bureau*), par une lettre visée par le fonctionnaire chargé de la surveillance administrative du corps. Ce fonctionnaire s'assure au préalable de la nécessité du remplacement.

SITUATIONS ET COMPTABILITÉ SPÉCIALES AUX ÉCOLES QUI PRÉCÈDENT (4).

250. — Un registre, appelé *cahier trimestriel*, est tenu dans chaque école par le directeur. Il se compose :

---

(1) C.M. 24 mars 1873, J. M. p. 262 ; — 16 nov. 1872, J. M. p. 633, modifiée par celle du 11 septembre 1873, J. M. p. 331 ; — 4 mai 1873, J. M. p. 429.— N. M. 24 nov. 1873, J. M. p 439.

(2) I. M. 15 mars 1872, J. M. p. 141.

(3) V. J. M. 1-73, 212, la nomenclature des théories et placards. Les placards doivent être collés sur les murs, dans l'intérieur des casernes, rester à demeure et ne donner lieu à aucun transport. (*N. M. 7 mars* 1874, *J. M. p.* 179).

(4) I. 4 août 1838, J. M. t. III, p. 472 ; — C. M. 19 juin 1840, J. M. t. III, p. 631 ; — 10 février 1837, J. M. t. III, p. 6 ; — 23 juillet 1842, t. IV, J. M. p. 113 ; — 4 février 1841. J. M. t. IV, p. 2 ; — 25 janvier 1847, J. M. t. IV, p. 728 ; — 4 septembre 1840, J. M. t. III, p. 640 ; — 4 décembre 1838, J. M. t. III, p. 536 ; — D. M. 11 février 1848, J. M. t. IV, p. 793.

1° De l'inscription de l'état de casernement (*modèle n° 1, J. M. t. II, p.* 771);
2° D'une liste d'inscription des élèves admis à l'école pendant le trimestre (*mod. n° 2., idem*);
3° De l'état des achats effectués pendant le trimestre (*mod. n° 3 idem p.* 772);
4° Enfin de notes indiquant l'époque de l'ouverture des cours, celle de leur clôture, les interruptions qu'ils ont éprouvées ainsi que les causes de ces interruptions; le double des situations fournies au sujet de l'enseignement et les noms des élèves qui se sont distingués.

251. — Le directeur transmet chaque jour, au major, la liste des hommes absents sans motif légitime.

Il lui remet, à la fin de chaque mois, une situation de chaque école. (*mod. n° 4, 1-37, 42 et 43*).

A l'époque des revues d'inspection trimestrielle ou générale, le rapport sur les écoles régimentaires du 1er et du 2me degré doit être distinct de ceux des écoles de gymnastique, de danse, etc.

Dans le courant de janvier de chaque année, les chefs de corps font établir et adressent hiérarchiquement au Ministre, sans lettre d'envoi :

1° Une situation de l'enseignement au 1er janvier et des mutations survenues dans cette partie du service pendant l'année écoulée. (*Mod. n° 1, J. M. t. III p.* 537);
2° Une situation présentant les résultats obtenus pendant l'année dans les écoles du 1er et du 2e degré. (*Mod. n° 2, id. p.* 538).

Les généraux font parvenir ordinairement ces deux documents avec le dossier de la revue trimestrielle de janvier.

252. — Enfin un catalogue de tous les livres formant la bibliothèque des écoles doit exister dans l'armoire et être tenu par l'officier directeur. (1-73, 817, art. 82.)

École d'escrime (1).

253. — L'enseignement de l'escrime est obligatoire dans tous les corps de l'armée, excepté dans les bataillons et compagnies disciplinaires ainsi que dans toutes les compagnies ou sections formant corps.

254. — Dans l'infanterie, l'escrime à l'épée, ou la pointe, est seule obligatoire.

Dans les troupes à cheval on donne concurremment l'enseignement de l'escrime à la pointe et celui de l'escrime à la contre-pointe.

255. — Les jeunes soldats commencent cette instruction aussitôt leur admission au bataillon ou à l'escadron.

---

(1) R. p. 28 avril 1872, J. M. p. 601. — D. M. 3 août 1872, J. M. p. 130. — C. M. 1er mai 1873, J. M. p. 426.

DU PERSONNEL.

256. — Dans chaque corps un des officiers supérieurs est chargé de la surveillance générale de cette partie de l'instruction. Son nom et ses mutations sont signalés au Ministre.

L'enseignement est donné par un sous-officier (sergent 1er maître d'escrime), secondé par des adjoints (brevetés maîtres ou prévôts), et subsidiairement par des élèves-prévôts. (*V. le tableau ci-après, art.* 268).

Tous les instructeurs d'escrime sont, pendant leur service, placés sous les ordres d'un officier du grade de capitaine en second ou de lieutenant, qui est chargé de la direction spéciale de la salle d'escrime et de l'établissement des états de proposition nominatifs pour les rénumérations mensuelles.

257. — A l'intérieur et en Algérie, le premier maître d'escrime suit les bataillons ou escadrons actifs et le maître adjoint reste au dépôt. En cas de guerre seulement, le premier maître est laissé au dépôt avec le nombre d'auxiliaires jugé nécessaire : le maître adjoint marche avec la portion du corps mobilisée.

258. — Le personnel enseignant l'escrime dans les corps de troupe est recruté par voie de concours. Les vacances de maître et de maître adjoint sont exclusivement réservées au concours. Celles de prévôt, au choix des chefs de corps, sont laissées au concours ou données aux élèves du corps ayant obtenu un brevet à l'école normale de gymnastique (*chap. XI ci-après*).

Les concours ont lieu à cette école deux fois par an, le 16 janvier et le 16 juillet. Les vacances réservées à chaque concours sont annoncées à l'avance dans le *Moniteur de l'armée.*

259. — Les maîtres, prévôts et élèves qui, demandant à se rendre à l'école, seraient jugés aptes à obtenir un brevet de prévôt ou un brevet supérieur à celui qu'ils possèdent, doivent être admis à participer au concours.

A cet effet, les chefs de corps adressent aux généraux commandant les divisions territoriales ou actives, savoir :

1° Avant le 16 décembre ou le 16 juin de chaque année l'état des vacances existant dans leur personnel d'escrime ;

2° Avant le 1er janvier et le 1er juillet un état des maîtres et prévôts qui demandent à se rendre au concours.

Des états négatifs doivent être adressés lorsque les corps n'ont aucune vacance, aucun militaire à signaler.

260. — Les maîtres et les prévôts reçoivent une permission de six jours, sans indemnité de route, pour se rendre à Vincennes (redoute de la Faisanderie); ils ont droit à la solde de présence qu'ils recevaient à leurs corps, et non à la solde de Paris (s'ils ne l'avaient déjà dans leur corps.)

DU MATÉRIEL (1).

261. — Le matériel déterminé pour chaque corps est indiqué dans l'état ci-après (262). La fourniture en est assurée au moyen de marchés passés par le Ministre.

262. — Les corps n'ont donc point d'achats à faire; ils adressent, en raison des renouvellements nécessaires, à M. l'Intendant de la 1re division militaire, une demande ainsi conçue :

Voir le tableau d'autre part.

(1) C. M. 7 déc. 1872, J. M. p. 849. - V. un tarif de réparations au 1-68, 406.— C. M. 27 juin 1873, J. M. p. 747 ; — 6 mars 1873, J. M. p. 209.

3e RÉGIMENT D'INFANTERIE.

ÉTAT *du matériel d'escrime demandé à M. l'Intendant de la 1re division militaire.*

(Les corps ne portent, dans les colonnes 2, 3, 4 et 5, que les fixations qui les concernent.)

DÉSIGNATION DU MATÉRIEL.	FIXATIONS RÉGLEMENTAIRES DU 7 DÉCEMBRE 1872. Régiments d'infanterie, Zouaves, Tirailleurs, Génie.	Bataillons de chasseurs à pied.	Régiments de cavalerie.	Régiments d'artillerie, du train d'artillerie et du train des équipages	Corps spéciaux.	Quantités existant au corps, y compris le dépôt et toutes les fractions.	Incomplet ou différence nécessaire pour compléter.	Quantités demandées par le présent état.	Prix des marchés pour les divers objets de matériel.	Décomptes des quantités demandées.	OBSERVATIONS.
1	2	3	4	5	6	7	8	9	10	11	12
									FR. C.		
Fleurets montés.........	120	50	60	100					1 32		1-73, 749.
Lames de rechange......	60	25	30	50					0 73		
Masques pour la pointe...	10	18	18	28					3 24		
Gants (unités)	40	18	18	28					1 08		
Plastrons...............	20	10	10	14					3 85		
Paires de sandales.......	40	18	18	28					4 10		
Sabres en bois..........	12	4	24	24					0 80		
Masques pour la contre-pointe..............	12	4	24 12	12					5 00		
TOTAL GÉNÉRAL des divers décomptes.....											

Vu et Vérifié : A le 187

Le Sous-intendant militaire, *Les Membres du conseil d'administration du régiment de*

263. — Les corps n'ont pas à s'occuper du paiement de ce matériel ; mais ils tiennent compte de la dépense qu'il entraîne, comme s'ils l'avaient acheté eux-mêmes sur le montant de l'allocation qui leur est attribuée. (*V. ci-après l'art.* 267.)

Dans leurs comptes annuels, ils se bornent à mentionner, dans la colonne d'observations, le total du décompte du matériel reçu dans l'année.

Les dépenses de réparation et de remplacement du matériel de l'escrime sont faites sous le contrôle et la surveillance des fonctionnaires de l'intendance.

264. — En cas de séparation de la portion principale, toute compagnie, escadron ou batterie doit être pourvue d'un maître spécial et du matériel nécessaire à ses exercices.

265. — Une décision ministérielle du 23 février 1867 (*J. M. p.* 49) prescrivait à tout régiment de cavalerie quittant une garnison de verser son matériel d'escrime, mis en bon état, au service du génie, pour être passé au nouveau corps à son arrivée. Cette prescription n'a pas été renouvelée lors de la réorganisation des écoles d'escrime.

266. — Les salles d'escrime peuvent être éclairées quand la saison le rend nécessaire. A cet effet, les corps sont autorisés, par la note ministérielle du 16 mars 1874 (*J. M. p.* 187), à acheter les lampes et le pétrole nécessaires. — 271.

Le matériel de cet éclairage est le même que celui de l'école du premier degré (v. 241); il est placé sous la garde et la surveillance du maître d'escrime ; il reste affecté au casernement et ne peut être l'objet d'aucun transport.

Les dépenses d'éclairage, comme toutes les dépenses du matériel d'escrime, ne peuvent faire l'objet d'aucun abonnement ; elles doivent être justifiées par des achats judicieux, des factures détaillées, dûment vérifiées et arrêtées par les conseils d'administration des corps et visées ensuite par les sous-intendants, après une vérification minutieuse.

ALLOCATIONS (1).

267. — Sur son budget (chapitre des écoles), le Ministre alloue aux corps de troupe pour les dépenses de l'escrime, et les chefs de corps répartissent entre leurs instructeurs, les sommes indiquées dans le tableau ci-après. — 268.

---

(1) C. M. 22 mars 1873, J. M. p. 254. — C. M. 1er mai 1873, J. M. p. 426.

Voir le tableau ci-contre.

268. — **TABLEAU** *de répartition des dépenses relatives à l'enseignement de l'escrime.* (2-72, 852.)

DÉSIGNATION DES CORPS.	INDEMNITÉS MENSUELLES. (Tarif maximum.) Premiers maîtres.	Caporal ou Brigadier maître-adjoint.	Prévôt.	ÉLÈVES-PRÉVOTS n'ayant droit qu'à des gratifications.	GRATIFICATIONS à répartir par l'inspecteur général.	FRAIS D'ACHAT et d'entretien du matériel.	TOTAL par corps et par an.	SUPPLÉMENT de haute paye (2e cl.). Nombre de maîtres admis.	MONTANT de la haute paye.	SUPPLÉMENT de haute paye (1re cl.). Nombre de maîtres admis.	MONTANT de la haute paye.
	Maître. Par mois FR.	Maître. Par mois FR.	Maître. Par mois FR.		FR.	FR.	FR.		Par mois FR.		Par mois FR.
Légions de la garde républicaine.	1 à 30	1 à 15	12 à 6	8	350	550	2.304	1	12	1	30
Par an	360	180	864								
Légion de gendarmerie mobile	1 à 30	»	6 à 6	4	150	400	1.342				
Par an	360	»	432								
Régiment d'infanterie de ligne, de zouaves, de tirailleurs et du génie	1 à 30	1 à 15	6 à 6	12	231	550	1.753	52	12	17	30
Par an	360	180	432								
Bataillon de chasseurs à pied	1 à 25	»	3 à 6	5	120	280	916	11	12	4	30
Par an	300	»	216								
Régiment de cavalerie	1 à 30	1 à 15	2 à 6	4	178	360	1.222	25	12	8	30
Par an	360	180	144								
Régiment d'artillerie, train d'artillerie, train des équipages	1 à 30	1 à 15	4 à 6	8	220	400	1.448	13	12	5	30
Par an	360	180	288								

Les indemnités accordées aux instructeurs leur sont payées par mois en sus de leur solde. Ils peuvent en outre recevoir en fin d'année des gratifications, qui sont réparties par l'inspecteur général, sur la proposition du chef de corps, suivant les services rendus, en restant dans les limites de la somme laissée à cet effet à sa disposition.

269. — Indépendamment de ces rémunérations et gratifications, deux sortes de hautes payes sont accordées chaque année par le Ministre, sur la proposition des inspecteurs généraux, aux maîtres d'escrime ayant plus de quatre ans de service dans leur emploi. (*V.* 2-72, 849). 3/8 de l'effectif des maîtres d'armes reçoivent la haute paye de 12 fr. par mois (dite de 2e classe), et 1/8 celle de 30 fr. (dite de 1re classe). — 268.

270. — Les indemnités et les hautes payes sont payées sur des états nominatifs dûment émargés. Elles ne sont pas dues lorsqu'une position d'absence quelconque vient interrompre l'exercice des fonctions de ceux qui en sont titulaires, notamment : 1° lorsque les prévôts sont détachés à l'école normale de gymnastique pour y suivre un cours d'enseignement normal; 2° lorsqu'ils se rendent à cette école pour y obtenir des brevets. — V. 340, 258.

271. — En sus des dépenses spécifiées dans le tableau ci-dessus (*art.* 268), le Ministre, par sa note du 16 mars 1874 (*J. M. p.* 187), a fixé ainsi qu'il suit les allocations annuelles d'éclairage au pétrole des salles d'escrime.

170 fr., pour un régiment d'infanterie ou du génie;
85 fr., pour un bataillon de chasseurs à pied. — V. 266.

École de gymnastique (1).

272. — L'enseignement de la gymnastique est obligatoire dans les corps d'infanterie et du génie (2). Tous les hommes de recrue doivent être exclusivement exercés à la 1re leçon de gymnastique élémentaire pendant les quinze premiers jours de leur arrivée et avant de commencer l'école du soldat. (*Art.* 5 *de l'instruction du 24 avril* 1846.)

DU PERSONNEL (3).

273. — La direction des exercices gymnastiques est confiée aux officiers et aux sous-officiers qui ont suivi les cours de l'école normale de la Faisanderie près Vincennes et de préférence à ceux qui en sont revenus les derniers.

---

(1) V. J. M. 1-72, 374. — t. IV, p. 853. — V. surtout l'instruction approuvée par le Ministre le 24 avril 1846 : elle doit exister dans tous les corps.

(2) Dans les corps de troupes à cheval, la gymnastique est remplacée par l'école de voltige. V. l'instruction du 26 juin 1842 au J. M. t. IV, p. 95, l'inst. sur les inspections générales, 1-73, 931, et ci-après, art. 329.

(3) C. M. du 11 janvier 1853, J. M. t. V, p. 536 et 537 ; — du 7 juillet 1870, *manuscrite*.

DU MATÉRIEL (1).

274. — Les gymnases régimentaires sont munis d'un matériel fixe et d'un matériel mobile : l'un est établi et entretenu par le service du génie au compte des fonds des gymnases militaires ; l'autre est acheté, entretenu et renouvelé par les corps, sur les mêmes fonds spéciaux (2).

275. — Les collections de matériel doivent toujours être maintenues au complet réglementaire.

276. — Chaque année, au 31 décembre, et à chaque changement de garnison, le sous-intendant militaire dresse, en présence de l'officier directeur du gymnase et, dans le cas où la garnison serait inoccupée, de l'officier ou de l'employé du génie chargé du casernement, l'inventaire de tous les objets de gymnase *dont la dépense est imputable sur les fonds spéciaux des gymnases* (mod. 2-42 304). — (*V. toutefois ci-après le paragraphe :* inventaires.)

Fixe (3).

277. — La nomenclature et la description de ce matériel se trouvent dans la circulaire du 27 juillet 1852. Il ne doit être fait de réparation ou d'acquisition qu'après que les allocations nécessaires ont été accordées par le Ministre.

Les demandes à ce sujet doivent être renfermées autant que possible, chaque année, dans le chiffre de cent francs par gymnase régimentaire. Les chefs de corps ont l'initiative des propositions ; ils font dresser par l'officier chargé du gymnase, l'état détaillé des dépenses à faire ; les demandes sont ensuite transmises au Ministre et contrôlées par les intendants militaires, elles sont appuyées : 1° de procès-verbaux constatant les réparations ou acquisitions à faire et indiquant les motifs de la demande ; 2° de devis estimatifs des dépenses, dressés après les procès-verbaux par les agents du génie qui sont ensuite chargés de faire exécuter ceux des travaux qui ont reçu l'approbation ministérielle.

Les propositions doivent être adressées au Ministre, s'il est possible, dans les premiers jours de chaque année, et au plus tard, dans le courant du troisième mois.

Mobile (4).

278. — Il comprend, indépendamment des effets d'habillement (284), les objets dont le détail suit :

Une barre de fer à lancer, d'une durée de 25 ans,
Deux paires de massues, — 20 —

(1) C. M. 27 juillet 1852, J. M. t. V, p. 444 ; — 29 décembre 1847, J. M. t. IV, p. 794 ; — D. M. 19 octobre 1841, J. M. t. IV, p. 51 ; — du 9 mai 1855, J. M. t. VI. p. 608. — C. M. 6 mars 1873, J. M. p. 209.

(2) V. J. M. t. IV, p. 51 et C. M. 8 mai 1872, J. M. p. 415.

(3) C. M. 6 mars 1873, J. M. p. 209.

(4) C. M. 17 septembre 1873, J. M. partie supp. p. 109 ; — 13 octobre 1873, J. M. p. 338 ; — 15 février 1874, J. M. partie supp. p. 133.

Vingt paires de poignées à lutter,	d'une durée de	5 ans,
Quatre arcs-boutants,	—	10 —
Une corde à traction,	—	20 —
Cinq perches à sauter,	—	15 —
Deux chevalets de natation,	—	10 —
Une corde de passage,	—	5 —
Deux perches oscillantes,	—	20 —
Une corde à console,	—	5 —
Une corde à nœuds,	—	6 —
Une corde lisse,	—	3 —
Un trapèze avec barre en fer,	—	15 —
Une échelle dite de bois rosé,	—	15 —
Une perche Amorozienne,	—	20 —
Une corde à sauter,	—	3 —
Un rateau en fer,	—	6 —
Une pioche,	—	10 —
Une bêche,	—	6 —
Une caisse pour contenir le tout, les perches exceptées,	—	15 —

279. — Lorsqu'il devient nécessaire de remplacer ces objets ou seulement des parties de ces mêmes objets, les conseils d'administration des corps le font constater par les fonctionnaires de l'intendance. Ceux-ci reçoivent leurs demandes et les adressent à l'Intendant militaire chargé des services administratifs auprès du gouverneur de Paris. Cet intendant est chargé d'y faire droit au moyen des ressources du magasin central de Paris, et de faire payer directement à l'entrepreneur toutes les fournitures.

280 — Il existe en permanence douze collections complètes au magasin central de Paris pour satisfaire aux demandes des corps.

281. — Si le matériel peut être acheté, sur place, à des prix inférieurs à ceux du tarif ci-après augmenté des frais de transport en petite vitesse, les corps demandent au sous-intendant chargé de leur surveillance administrative l'autorisation d'en faire directement l'acquisition.

282. — TARIF (1).

OBJETS.	DÉTAIL.	NOMBRE.	PRIX.	DÉCOMPTE.	DÉTAIL par objets complets.
Poignée à lutter......	La corde..............	1	» 38	» 38	» 90
	La poignée	2	» 26	» 52	
Arc-boutant..........	La barre	1	1 50	1 50	3 00
	Chaque épaulement......	2	» 75	1 50	
Chevalet de natation ..	Le chevalet............	1	3 75	3 75	5 62
	La toile	1	1 12	1 12	
	Chaque écrou	2	» 375	» 75	
Perche oscillante	La perche	1	3 00	3 00	6 00
	La ferrure..............	1	3 00	3 00	
Trapèze	Le trapèze en fer........	1	4 50	4 50	12 00
	Chaque corde avec anneau.	2	3 75	7 50	
Échelle de bois Rozé ..	La corde	1	5 25	5 25	10 87
	Chaque échelon avec corde.	10	» 562	5 62	
Perche amorosienne ..	La perche	1	3 56	3 56	8 81
	La ferrure..	1	5 25	5 25	
Corde à sauter	La corde	1	» 52	» 52	4 12
	Sac (la pièce)...........	2	1 09	2 18	
	Les chevilles (la pièce)...	2	» 71	1 42	
Râteau..............	Le fer..............	1	3 00	3 00	3 56
	Le manche..............	1	» 56	» 56	
Pioche..............	Le fer	1	3 38	3 38	3 94
	Le manche..............	1	» 56	» 56	
Bêche..............	Le fer	1	3 38	3 38	3 94
	Le manche..............	1	» 56	» 56	
Caisse..............	La caisse	1	27 00	27 00	28 50
	Le cadenas..............	2	» 75	1 50	

(1) Ces prix sont ceux d'achat ; lorsque les objets sont en cours de durée, la valeur cotée sur les inventaires est inférieure de 30 pour cent à celle indiquée ici. (1-72, 321.)

283. — Lors des changements de garnison, le matériel mobile n'est pas emporté par les corps; on le laisse à la garde du service du génie, après en avoir dressé l'inventaire en triple expédition. — 246.

284. — Le nombre et la durée des effets d'habillement sont indiqués dans une décision ministérielle du 19 octobre 1841, insérée au *Journal militaire, t. IV, p.* 51.

Les marchés sont faits entre le conseil d'administration et les fournisseurs, et approuvés par le sous-intendant militaire. La dépense est au compte du service de l'habillement. (*C. M.* 8 *mai* 1872 *et* 6 *mars* 1873, *J. M. p.* 210.)

ALLOCATIONS (1).

285. — Les corps ne peuvent dépenser plus de 12 fr. par an pour l'entretien et le renouvellement du matériel mobile.

En outre, dans les corps d'infanterie et du génie, une indemnité de 4 fr. par mois peut être accordée au moniteur général; des gratifications dont le maximum est de 60 fr., par régiment et 30 fr., par bataillon formant corps, peuvent être accordées par les inspecteurs généraux aux moniteurs et aux élèves qui se sont fait remarquer par leur zèle et leurs progrès. Ces gratifications sont réduites de moitié lorsque les compagnies ou bataillons actifs sont hors des divisions territoriales de l'intérieur.

286. — Dans les corps d'artillerie et des équipages, ces allocations ne sont admises qu'autant que les troupes ont été exercées fréquemment et d'une façon régulière aux exercices de gymnastique.

287. — La méthode d'assouplissement remplace les exercices gymnastiques dans la cavalerie; les régiments de cette arme ne peuvent faire, pour la gymnastique, aucune dépense imputable sur les fonds des écoles militaires. — *V. école de voltige, ci-après, art.* 329.

DISPOSITION FINALE (2).

288. — Chaque année, au 1er janvier, les chefs de corps adressent au général de brigade sous les ordres duquel ils sont placés : 1° l'état nominatif des officiers (lieutenants et sous-lieutenants) et numérique des sous-officiers faisant actuellement partie du corps et qui ont suivi le cours de l'école normale de gymnastique (*mod.* 1-43, 124); 2° la situation de l'enseignement de la gymnastique à cette époque (*mod. J. M. t. IV, p.* 855).

Ces deux pièces sont destinées au Ministre de la guerre.

---

(1) C. M. 6 mars 1873, J. M. p. 209. — I. 8 juin 1873, J. M. p. 897, art. 8. — C. M. 29 déc. 1847, J. M. t. IV, p. 794.

(2) C. M. 31 août 1848, J. M. t. IV, p. 853.

Ecole de tir (1).

OBJET.

289. — Cette école a pour objet l'instruction individuelle du tir à la cible, laquelle consiste :

1° A former les hommes de recrue ;
2° A entretenir dans leurs bonnes habitudes les tireurs déjà formés ;
3° A perfectionner les tireurs les mieux doués et desquels on peut attendre des services exceptionnels. (*I. M.* 17 *février* 1870, *J. M. p.* 107.)

290. — Les hommes de recrue ne sont admis à tirer à la cible que lorsque leur instruction préparatoire est jugée bonne par le lieutenant-colonel.

291. — L'instruction du tir est dirigée conformément aux dispositions contenues dans le Manuel de l'instructeur de tir, approuvé par le Ministre de la guerre le 19 novembre 1872.

La partie théorique de ce Manuel est l'objet de conférences qui sont faites chaque année aux cadres des corps de troupe.

DU PERSONNEL.

292. — Dans chaque régiment, l'instruction du tir, placée comme toutes les autres parties du service sous l'impulsion et la responsabilité du chef de corps, est confiée à la direction particulière du lieutenant-colonel qui a sous ses ordres un capitaine faisant fonction d'instructeur de tir.

Un lieutenant ou un sous-lieutenant ayant suivi, comme officier, les cours de l'école normale de tir, exerce dans chaque bataillon les fonctions de lieutenant instructeur de tir, sous les ordres du capitaine.

Les sous-officiers et les caporaux ayant suivi avec fruit les cours de l'école normale de tir sont attachés, en nombre suffisant, à l'instruction des jeunes soldats pendant la période des exercices préparatoires.

Dans les bataillons formant corps l'instruction et la comptabilité du tir sont confiées à un capitaine. (1-73, 275.)

293. — On peut, d'ailleurs, dans tous les corps, attacher à cette école, en qualité d'instructeurs, tous les officiers ayant suivi avec succès un cours de l'école normale de tir. (V. 1-73, 9.) — 426.

DU MATÉRIEL (2).

294. — Indépendamment des munitions, le matériel de l'école régimentaire de tir d'un régiment se compose de divers objets

---

(1) Instruction du 17 février 1870, J. M. p. 107 ; — Tarif 6 janvier 1870, J. M. p. 7 ; — D. M. 3 avril 1847, J. M. t. IV, p. 747 ; — du 7 septembre 1852, J. M. p. 161. — Art. 56 du R. du 30 juin 1856 ; — I. M. 2 janvier 1873, J. M. p. 8.

(2) Voyez-en la description, les prix et l'usage au J. M. 1-70, 7 et 143 ; -2-72, 177 et 483. — V. en outre C. M. 13 octobre 1873, J. M. p. 338 et une décision de 1874 (sans autre date).

classés en deux parties : — la 1re comprend ceux que les corps doivent emporter dans tous leurs mouvements tels que chevalets (18 par régiment d'infanterie), sacs de pointage, stadias et cordeaux de 25[m] de longueur avec poignées en bois, pour l'appréciation des distances (36 cordeaux par régiment d'infanterie) ; — matériel spécial pour le tir dans les chambres, comprenant par bataillon un jeu de tubes à tir, renfermé dans une caisse spéciale ; — la seconde partie comprend ceux que les corps, appelés à faire un mouvement, doivent laisser en bon état et à la garde du génie, après les formalités indiquées à l'art. 246, tels sont :

1° Les cibles, de trois sortes: *rondes*, *rectangulaires grandes* et *petites*. Elles sont affectées aux garnisons et non aux corps de troupe, et immobilisées dans les casernements pour être affectées aux champs de tir et aux polygones. Cependant elles doivent être prises en charge par un seul corps dans chaque garnison. (*C. M. de* 1874, *bureau des états-majors et réponse au rapport de la* 59e *brigade d'infanterie en date du* 28 *avril* 1874.)

2° Un panneau circulaire avec règle graduée ;

3° Une chaîne d'arpenteur avec ses dix fiches ;

4° Six palettes avec hampe de 3[m] de longueur ;

5° Des fanions (2 par compagnie, 2 par bataillon pour les jeunes soldats, en tout 42 pour un régiment d'infanterie ;) (1);

6° Menus objets pour l'usage, l'entretien et la réparation des cibles et panneaux tels que pinceaux, colle, couleurs, papier, poteries pour contenir la couleur et la colle.

295. — Le corps qui reçoit un matériel de tir incomplet doit le compléter.

Les frais de garde et de conservation durant le temps qui s'écoule entre le départ d'un corps et l'arrivée d'un autre sont à la charge du génie.

296. — Les fractions de corps inférieures à un bataillon complet sont seulement pourvues des objets compris dans la première partie du matériel, proportionnellement au nombre des compagnies présentes. — 349.

DÉPENSES. (2).

297. — Les dépenses de l'école de tir sont à la charge du budget des écoles (chap. XIV, art. 7, § 2 du budget de la guerre). Seuls les cors de chasse donnés aux meilleurs tireurs sont à la charge du service de l'habillement. Les autres prix de tir sont imputés aux fonds des écoles. — *V. ci-après art.* 302, *et à l'art.* 307 *l'exception pour l'artillerie.*

298. — Les réparations du matériel sont faites par l'armurier du corps.

299. — Les remplacements sont effectués par le conseil d'administration.

Toutefois, en ce qui concerne les jeux de tubes à tir, l'opération ne peut se faire que sur demande adressée au Ministre (service du

---

(1) V. J. M. t. IV, p. 653, la description de ces fanions.

(2) C. M. 18 août 1872, J. M. p. 177. — N. M. 14 nov. 1872, J. M. p. 483. — I. M. 2 janvier 1873, J. M. p. 10. - C. M. 14 août 1873, J. M. p. 113.

matériel de l'artillerie — armes portatives), dûment vérifiée et contrôlée par le sous-intendant militaire, et accompagnée d'un récépissé de versement au trésor de la valeur des objets à fournir. Le Ministre donne ensuite à l'artillerie l'ordre de faire l'expédition au corps. Les objets ainsi remplacés sont versés ultérieurement avec les pièces d'armes hors de service, dans le magasin d'artillerie le plus voisin ; le reçu constatant ce versement doit accompagner les pièces justificatives de la dépense dans les bureaux des fonctionnaires chargés de la contrôler. Le billot en plomb de ce matériel ne se remplace jamais ; on le refond quand il en est besoin, en compensant la perte par quelques balles ramassées au champ de tir.

300. — Les corps fabriquent eux-mêmes les cartouches pour le tir dans les chambres (*V.* 2-72, 180) : la poudre, le plomb, les amorces en papier sont mis à leur disposition par le service de l'artillerie, au fur et à mesure des besoins ; les corps s'adressent à cet effet à la direction d'artillerie dans la circonscription de laquelle ils sont placés ; les autres objets sont achetés par eux au compte des fonds des écoles.

301. — Les travaux à faire dans les champs de tir sont exécutés sans rétribution par les travailleurs des corps. Quand la construction des abris doit occasionner certains frais, le commandant du génie établit un projet qui est soumis au Ministre.

302. — Des récompenses sont distribuées dans les corps d'infanterie, de cavalerie et du génie à la suite des exercices annuels de tir, et d'après les résultats d'un concours auquel participent les tireurs de 1re classe, seulement (1). Elles sont de deux sortes, savoir:

1° Des insignes honorifiques consistant en un cor de chasse placé sur la manche gauche de l'habit. Ce cor est remplacé par un croissant dans les zouaves et les tirailleurs algériens; (*V.* 297). Les insignes sont en or pour les sous-officiers, en drap jonquille pour les caporaux ou brigadiers et les soldats ;

2° Des prix de tir consistant en épinglettes d'or et d'argent.

Les prix à accorder chaque année sont :

Dans chaque régiment d'infanterie :

15 insignes honorifiques aux sous-officiers ;
90 id. aux caporaux, aux anciens et aux jeunes soldats ;
1 premier prix consistant en une grenade dorée servant d'agrafe à une chaîne d'argent.
10 prix consistant en grenades et chaînes d'argent ;
14 prix à grenade et chaîne de cuivre.

Dans chaque bataillon formant corps :

6 insignes honorifiques aux sous-officiers ;
4 id. aux caporaux, aux anciens et aux jeunes soldats ;
1 premier prix comme ci-dessus ;
5 prix à grenade et chaîne d'argent ;
6 id. id. de cuivre.

---

(1) V. au Manuel de l'instructeur de tir, p. 126, les bases des classements. — Pour l'artillerie et le train des équipages v. D. M. 30 nov. 1873, J. M. p. 511.

303. — Le droit de porter le cor de chasse ou le prix de tir est acquis pour toute la durée du service actif et du service de réserve (1).

304 — Les engagés volontaires d'un an concourent avec les tireurs des corps où ils sont placés, pour l'obtention des prix de tir. Il est accordé à cet effet un supplément de :

1 cor de chasse par 20 volontaires ;
1 prix de tir lorsque l'effectif des volontaires ne dépasse pas 75 ;
2 prix pour un effectif variant de 76 à 150 ;
3 id. lorsque l'effectif dépasse 150.

305. — Les épinglettes prix de tir, et les cors de chasse ou croissants surmontés d'une grenade suivant l'arme et brodés en or ou en argent, doivent être achetés chez M. Godillot, rue Rochechouart, 54, à Paris, jusqu'en 1877 inclus. (*C. M.* 26 *janvier* 1874, *J. M. partie supplémentaire, p.* 39).

DÉSIGNATION DES OBJETS.	PRIX.	
	Expédiés par l'entrepreneur et à ses frais dans les départements et en Algérie, et payables en mandats sur le trésor public, à Paris.	Livrés à la fabrique de l'entrepreneur, et payables à sa caisse.
	F.	F.
Épinglette en argent, à grenade, cor ou croissant doré, pour 1er prix	6.82	6.37
Épinglette en argent, à grenade, cor ou croissant d'argent pour 2e prix.......	6.37	5.92
Cor de chasse brodé en or ou en argent pour infanterie et chasseurs à pied	1.39	1.35
Croissant surmonté d'une grenade, brodé en or ou en argent pour zouaves......	1.97	1.93

Les commandes doivent être adressées directement par les conseils d'administration au fournisseur, qui est tenu de les exécuter dans un délai de quinze jours, à partir de leur réception. (*N. M.* 24 *mars* 1869, *J. M p.* 176.)

(1) L'obtention des épinglettes d'honneur doit être relatée sur la matricule. (D. M. 24 avril 1851, J. M. t. V, p. 215.

Pour le placement, les devis et le tarif des frais de pose des cors de chasse, v. la D. M. 20 juillet 1868, J. M. p. 13.

306. — Dans la cavalerie, l'inspecteur général fait décerner en sa présence un prix de tir de 30 francs au sous-officier meilleur tireur à cheval, et quatre prix de 15 francs chacun aux brigadiers et cavaliers. Ces récompenses ne sont dues que dans les régiments où le tir à balle à cheval a été pratiqué. (*Art. 7 de l'instr. du 27 juin* 1873, *J. M. p.* 932.)

307. — Dans l'artillerie, où l'école comprend le tir des bouches à feu et celui du mousqueton et du révolver, toutes les dépenses, telles que: achat et entretien du matériel nécessaire à l'exécution du tir à la cible, prix de tir, etc., sont mises à la charge du service du matériel de l'artillerie.

Dans le train des équipages, les dépenses de l'école de tir sont payées sur les fonds du matériel des équipages militaires (*C. M.* 31 *mai* 1872, *J. M. p.* 614). Dans les corps de l'artillerie et dans le train des équipages, le tir à la cible avec le mousqueton et le révolver s'effectue sur des cibles identiques à celles qui sont en usage dans l'infanterie. Les prix de tir accordés sont fixés ainsi qu'il suit :

Pour chaque balle mise dans le noir avec les armes modèle 1866 à toutes les distances à partir de 200m inclusivement 0 fr. 10.

Pour chaque balle mise dans un noir de dix centimètres de diamètre avec le révolver, aux distances de 25 et de 50 mètres 0 fr. 10.

308. — Indépendamment de ces récompenses, il est réservé chaque année des congés de semestre pour les meilleurs tireurs, que l'on prend à cet effet dans l'ordre du classement sans avoir égard ni à l'ancienneté de service, ni aux semestres précédemment obtenus.

DE LA COMPTABILITÉ DU TIR (1).

309. — La comptabilité spéciale du tir comprend les écritures tenues pour l'école régimentaire de tir : 1° dans chaque compagnie; 2° par l'officier de tir de chaque bataillon ; 3° par le capitaine instructeur de tir.

310. — Les écritures des compagnies comprennent :

La tenue d'un registre servant à l'inscription des tirs au fur et à mesure qu'ils ont lieu.

L'établissement de situations pour chacune des séances de tir.

La tenue d'un feuillet de tir placé dans le livret de chaque homme.

Le registre de compagnie (*mod. C.* 1-73, 303) renferme sur son premier feuillet des explications qui nous dispensent d'entrer dans aucun développement. Qu'il nous suffise d'indiquer que ce registre contient trois parties ; savoir :

La 1re partie comprend : 1° le contrôle des sous-officiers, des caporaux et des soldats de la compagnie par ordre de numéros an-

(1) C. M. 24 février 1866, J. M. p. 65. — V. surtout l'instr. 16 mars 1873, J. M. p. 271.

nuels, le résultat des tirs individuels exécutés et les classements ; 2° le relevé des feux en tirailleurs, des feux à volonté et à commandement ; 3° une récapitulation ou décomposition par classe de tireurs de l'effectif de la compagnie à la fin de l'année.

La 2e partie est la répétition du contrôle annuel et l'inscription des résultats obtenus au tir individuel fait dans les chambres.

La 3me partie qui est encore une répétition du contrôle annuel, sert à l'inscription des résultats obtenus dans les exercices d'appréciation des distances. Cette partie est suivie d'une récapitulation présentant des résultats moyens.

Les résultats des tirs des jeunes soldats ne figurent pas sur ce registre ; ils sont donnés aux compagnies par l'officier de tir du bataillon, pour qu'il en soit fait mention sur le livret de ces militaires. Le classement seul est inscrit sur le registre de compagnie avec l'indication j. s. dans la colonne d'observations.

Les situations à produire sont :

1° Celle de la compagnie au moment de chaque tir (*mod. A, n° 1*). Les hommes y sont placés par numéros annuels. Un tableau spécial sert à l'inscription des noms des absents ;

2° Celle des hommes exécutant des tirs de rappel (*mod. A, n° 2*).

3° Celle de la compagnie (numérique) à chaque tir d'ensemble (*mod. A, n° 3*).

Le feuillet de tir placé dans le livret de chaque soldat est mis au courant aux époques fixées par le colonel ; toutefois, lorsqu'un homme vient à quitter la compagnie, son tir et les résultats d'appréciation des distances sont inscrits avant son départ. (*V.* 1-73, 321).

311. — Celles des officiers de tir de chaque bataillon consistent :

Dans la tenue d'un registre semblable à celui des compagnies, pour les jeunes soldats du bataillon ; quand les tirs sont terminés, ce registre est communiqué successivement à tous les commandants de compagnie, qui y font relever les résultats obtenus par chacun de leurs jeunes soldats.

Dans l'établissement d'une situation pour chacun des tirs effectués par les jeunes soldats ;

Dans la tenue d'un carnet de tir destiné à l'inscription journalière, sur le terrain, des résultats : il contient 19 tableaux qui correspondent, chacun, à une séance ou fraction de séance de tir. Ce carnet permet de retrouver et de relever les erreurs qui se glisseraient pendant l'année, dans les registres de compagnie.

312. — Celles du capitaine de tir comprennent :

1° La tenue du registre du régiment. Ce registre est divisé en quatre tableaux ou récapitulations : le 1er, des tirs individuels des compagnies ; le 2e des feux en tirailleurs ; le 3e, des feux à volonté et à commandement ; le 4e, des munitions consommées pendant l'année. Ce dernier contient de plus la décomposition, par classe de tireurs, de l'effectif du régiment et les résultats moyens obtenus à l'appréciation des distances ;

2° L'établissement, du 1er au 14 janvier de chaque année, d'un rapport sur l'école de tir du corps. Ce rapport comprend six parties ; savoir :

La 1re des renseignements sur l'instruction théorique des cadres ;
La 2e les résultats moyens des tirs individuels ;
La 3e les résultats moyens des feux en tirailleurs ou de position ;
La 4e ceux des feux à volonté ou à commandement ;
La 5e la copie du 4e tableau du registre de tir du régiment ;
La 6e l'état nominatif des anciens soldats non classés. (*V. en outre* 1-73, 333).

Le rapport annuel se termine par un compte-rendu spécial du chef de corps et par les observations des généraux de brigade et de division.

313. — La comptabilité du tir est, dans toutes ses parties, placée sous la surveillance du lieutenant-colonel. Les situations de tir sont conservées par le capitaine instructeur pour permettre au lieutenant-colonel de vérifier les registres.

314. — A la fin des tirs, le chef de corps donne l'ordre de totaliser les résultats inscrits sur les registres de compagnie et de bataillon, de façon à permettre l'établissement du registre du régiment.

315. — Les situations et registres de tir doivent être conservés dans tous les corps pendant un an; c'est-à-dire qu'indépendamment de la comptabilité de l'année courante, chaque corps doit tenir à la disposition du général inspecteur du tir la comptabilité complète de l'année précédente.

DISPOSITIONS SPÉCIALES A LA 2e PORTION DU CONTINGENT.

316. — Il n'est pas délivré de prix de tir aux jeunes soldats. (*D. M. manuscrite du* 24 *février* 1865, *bureau de la correspondance générale*).

Le registre de tir pour chaque classe de jeunes soldats est fourni par le trésorier ; il peut être tracé à la main. (*S. M. notifiée le* 10 *avril* 1861, *par le général commandant la* 3e *et la* 4e *subdivision de la* 8e *division militaire*).

École de natation (1).

317. — Cette école est dirigée par un officier ; tous les sous-officiers, les caporaux et les soldats y passent à leur tour.

318. — On doit exercer aussi les hommes aux exercices à sec de la natation (1-72, 375).

319. — Le matériel fixe est établi par les soins du service du génie, d'après les prescriptions ministérielles.

Dans l'artillerie et dans le régiment d'artillerie-pontonniers, un petit équipage, composé de plusieurs bateaux ou pontons et de quelques agrès, doit être mis à la disposition de l'école s'il est possible. (*I.* 30 *juin* 1873, *J. M. p.* 1023.)

Les corps achètent les caleçons (50 *à* 60 *par bataillon, durée trois ans*), les sangles avec leurs cordes de suspension (15 *par bataillon*) et 10 perches. (*I. M.* 27 *mai* 1851.) Le prix de ces objets est imputé sur les fonds du service de l'habillement.

320. — Les corps sont autorisés à imputer, sur les fonds des écoles militaires, la somme de 60 francs par bataillon (15 francs dans les compagnies, batteries, escadrons ou sections formant

---

(1) O. 2 novembre 1833, art. 235 *inf.*, 302 *cav.* ; — R. 30 juin 1856, art. 55 ; — C. M. 6 mars 1873, J. M. p. 211.

corps) pour les dépenses que nécessitent annuellement leurs écoles de natation.

321. — Lorsque plusieurs corps se trouvent dans une même garnison, l'un d'eux est ordinairement chargé de faire toutes les dépenses ; les autres le remboursent jusqu'à concurrence de leurs allocations, après la répartition des dépenses.

322. — Les fonctionnaires de l'intendance peuvent exceptionnellement autoriser, s'il y a lieu, les dépenses qui dépasseraient ces chiffres sans atteindre le double des fixations de l'art. 320 ; mais au delà de cette limite, ces dépenses doivent être l'objet d'une autorisation ministérielle préalable.

323. — Lorsque les dépenses imputables à un corps n'atteignent pas les allocations, l'inspecteur général peut accorder des gratifications aux moniteurs et aux élèves qu'il juge avoir mérité ces encouragements ; mais sous la réserve de ne jamais dépasser et en évitant même, autant que possible, d'atteindre le maximum fixé, l'allocation devant subvenir d'abord aux dépenses d'installation des écoles. (*C. M.* 12 *juillet* 1866, *bureau de l'habillement.*)

Les dépenses de cette école sont imputées sur le chapitre XIV, art. 7, § 3 du budget de la guerre (*Ecoles*).

École des tambours, des clairons et des trompettes (1).

324. — Dans l'infanterie, le tambour-major est le directeur de cette école, les caporaux-tambours et le caporal-clairon en sont les moniteurs. Toutefois, l'instruction des clairons est confiée au chef de musique.

Le nombre des élèves, indépendamment des tambours et des clairons titulaires, est de un tambour et un clairon par compagnie.

325. — Dans la cavalerie, l'instruction des trompettes est confiée au maréchal des logis trompette, et surveillée par un officier.

Le nombre des élèves-trompettes ne peut dépasser deux par escadron. (1-69, 588).

Deux clairons d'ordonnance doivent être mis en service dans les régiments de cavalerie et confiés à deux trompettes pour les manœuvres avec l'infanterie et en campagne.

326. — La dépense annuelle de cette école, imputable aux fonds des écoles ne peut dépasser : 150 francs par régiment d'infanterie, du génie, du train d'artillerie et des équipages militaires;

100 francs par régiment d'artillerie ;

75 francs par régiment de cavalerie et par bataillon formant corps ;

40 francs par escadron du train des équipages militaires.

Dans les régiments de spahis l'achat, l'entretien et la réparation des trompettes d'ordonnance sont mis au compte de la masse générale d'entretien. (1-74, 15.)

(1) Art. 180 de l'ord. du 2 nov. 1833 *inf.*, 237, idem, *cav.*; — D. M. 23 juillet 1844, J. M. p. 216 ; — C. M. 6 mars 1873, J. M. p. 212.

École de danse (1).

327. — La danse doit être encouragée dans les corps de troupe : le prix de la leçon n'est pas déterminé.

328. — Cette école ne donne lieu, pour l'État, à aucune dépense autre que celle de la salle qui est prise dans le casernement.

École de voltige (2).

329. — L'école de voltige remplace, dans la cavalerie, celle de gymnastique.

La voltige militaire a pour but d'assouplir et de fortifier les cavaliers, de les rendre progressivement assez confiants dans leur force et leur adresse, pour sauter à cheval et à terre, à droite et à gauche, en croupe et à terre, et même pour franchir d'un côté à l'autre un cheval sellé et paqueté, à toutes les allures et avec toutes les armes.

330. — Le matériel de cette école consiste en un cheval de bois et deux barres parallèles.

Le cheval de bois de l'école de voltige est fourni, entretenu et renouvelé par les soins du service du génie, mais au compte de la masse d'entretien du harnachement et ferrage. (*Tableau annexé à la C. M. 11 janvier 1862, J. M. t. IX.*)

331. — L'inspecteur général est autorisé à accorder des gratifications chaque année aux plus méritants des brigadiers employés à cette école, ainsi qu'aux jeunes cavaliers qui se font le plus remarquer dans ces exercices. La dépense qui en résulte est supportée par la masse d'entretien du harnachement et ferrage et ne doit pas dépasser annuellement la somme de 80 fr. par régiment. — 340.

Écoles de chant et de musique.

CHANT (3).

332. — L'enseignement de la musique dans l'armée pouvant être utile, les corps autorisés à avoir des musiques régimentaires doivent posséder une école de chant organisée et fonctionnant. La méthode Wilhem est, jusqu'à ce jour, la seule officiellement prescrite.

333. — Le chef, le sous-chef de musique ou les premiers instrumentistes peuvent être chargés de la direction de cette école.

334. — Le matériel suivant doit suffire :

(1) O. 2 nov. 1833, art. 234 *inf.*, 301 *cav.*, J. M. t. II.

(2) I. M. 27 juin 1873, J. M. p. 931, art. 6 ; — 26 juin 1842, J. M. t. IV, p. 95.

(3) N. M. 31 décembre 1841, J. M. t. IV, p. 71 ; — du 31 mai 1843, J. M. t. IV, p. 182 ; — D. M. 22 mars 1846, J. M. t. IV, p. 669.

Manuel, en deux volumes, in-8°, brochés.... prix...	9 fr.	50 c.	
Guide de la méthode............................ — ...	1	50	
Diapason... — ...	1	50	
Une série de tableaux, brochés, formant le 1er et le 2e cours.................................... — ...	12	50	
L'Indicateur vocal (tableau n° 42) collé sur une planche, de manière que les clés et les notes soient mobiles.................................... — ...	4	00	
	29	00	46 fr. 50 c.
A ajouter pour le cartonnage des tableaux..........	17	50	

La dépense d'achat est imputable à la 1re portion de la masse d'entretien.

335. — Les cours doivent avoir lieu trois fois par semaine; la durée des leçons est d'une heure.

336. — En cas de mobilisation des parties actives d'un régiment, un musicien doit être laissé au dépôt pour diriger cette école.

MUSIQUE (1).

337. — Dans le but d'assurer au personnel de musique un recrutement facile il a été créé, dans chaque régiment, une école destinée à former des musiciens.

338. — L'école est sous la direction du chef de musique qui soumet à l'approbation du chef de corps le tableau de service journalier et de progression des cours.

Le sous-chef en est le moniteur général, et deux musiciens en sont les moniteurs.

Les élèves, au nombre de 15 par régiment de troupes à pied, 10 par régiment de troupes à cheval, sont choisis par le chef de corps et parmi les jeunes militaires ayant du goût pour la musique. Ils continuent à faire leur service dans leurs compagnies et rentrent dans le rang à toute prise d'armes.

339. — Les instruments réformés sont mis à la disposition du chef de musique pour le service de cette école, sur un bon signé de lui. Il est défendu de faire aucun achat d'instruments pour les élèves de cette école. (*S. M.* 17 *déc.* 1861, *Rép. Blochet,* 2e *édit.*, *p.* 295.)

Les quinze instruments à mettre entre les mains des élèves et les méthodes à employer de préférence sont désignés dans la note ministérielle du 24 mai 1862; l'achat des méthodes est mis au compte de la 1re portion de la masse générale d'entretien.

COMPTABILITÉ-FINANCES DES ÉCOLES RÉGIMENTAIRES DONT LES DÉPENSES SONT A LA CHARGE DU BUDGET DES ÉCOLES (2).

340. — Les conseils d'administration sont autorisés à prélever sur les fonds généraux de leur caisse, au fur et à mesure des besoins,

(1) A. M. 12 avril 1861, J. M. t. IX, p. 219; — N. M. 24 mai 1862, J. M, t. IX, p. 584.

(2) C. M. 22 août 1873, J. M. p. 115; — 11 septembre 1873, J. M. p. 333; — 6 mars 1873, J. M. p. 213; — 17 octobre 1873, J. M. 1-74, 190.

les sommes nécessaires pour l'acquittement des dépenses imputables sur les crédits affectés spécialement au service des écoles régimentaires.

Ces dépenses figurent toutes au registre de centralisation sous la rubrique « *fonds spéciaux* », dans la colonne « *Écoles régimentaires.* »

341. — Les pièces les constatant sont, selon le cas :

1° Des factures, mémoires ou autres pièces produites par les fournisseurs ou marchands. Une expédition de ces pièces doit être sur papier timbré, excepté toutefois les *quittances* (n'ayant pas la forme de factures ou de mémoires) de 10 francs et au-dessous(1). Le coût du papier timbré est à la charge du marchand. Les factures, quittances ou mémoires doivent relater exactement la nature, la quantité et le prix par espèce des objets livrés. Elles doivent porter la mention que les objets ont été *reçus* et *employés* pour le service sur les fonds duquel elles doivent être imputées; la somme payée doit être indiquée en toutes lettres *à l'acquit* du fournisseur. (*Dép. M.* 20 *juin* 1856.)

2° Les procès-verbaux exigés pour le remplacement des méthodes, livres, instruments, machines ou autres objets relatifs à l'enseignement.

3° Des états nominatifs d'émargement pour les gratifications et hautes payes attribuées aux moniteurs du gymnase, de l'escrime, etc., et à tous ceux auxquels il en est accordé par l'autorité compétente ou les règlements. Ces états sont revêtus de l'approbation de l'inspecteur général pour les gratifications qu'il a accordées.

Les pièces justificatives des dépenses à titre de gratification doivent être émargées par les parties prenantes. Lorsque celles-ci sont dans l'impossibilité de donner leur signature, le comptable doit en faire une déclaration appuyée de la signature de deux témoins présents au paiement. (*§ 4° de l'art.* 363 *du décret du* 31 *mai* 1862).

4° Des états des réparations effectuées dans les corps soit au matériel d'escrime, soit au matériel de tir.

342. — Tous les états de réparation ainsi que les factures, établis et signés déjà par les créanciers sont dûment certifiés véritables par l'officier chargé des cours ou de l'école spéciale.

343. — Toutes les pièces de dépenses sont dressées en triple expédition (341), l'une pour être mise à l'appui du journal du trésorier, les deux autres pour être placées dans un bordereau en double expédition (*modèle au J. M. t. IV, p.* 729), indiquant le numéro d'ordre des pièces, leur nature et le montant de chacune d'elles. Ce bordereau, établi par le trésorier du corps, est certifié par le conseil d'administration et visé par le sous-intendant militaire.

344. — Les bordereaux doivent être distincts comme les articles du chapitre XIV du budget de la guerre auxquels se réfèrent les pièces de dépenses qu'ils contiennent. Ainsi on dressera :

1° Un bordereau sous la rubrique : « *Gymnase et tir* » pour les dépenses des écoles de gymnastique, de tir, de natation, des tambours, clairons et trompettes et de théories, placards, etc., parce

(1) V. 1-51, 617 et 618.

que toutes ces dépenses sont imputables à l'article 7 dudit chapitre ; toutefois les dépenses sont distinguées dans ce bordereau, par paragraphes, suivant les indications de la circulaire ministérielle du 6 mars 1873 (*J. M. p.* 208) ;

2° Un bordereau sous la rubrique : « *Écoles régimentaires* » pour toutes les pièces de dépenses concernant les écoles du 1er, du 2e degré et des engagés conditionnels d'un an, l'éclairage de ces écoles compris, parce que ces dépenses incombent à l'art. 8 dudit chapitre ;

3° Un bordereau pour les dépenses de l'escrime sous la rubrique : « *Cours d'escrime dans les corps* », art. 11 du susdit chapitre.

Ces comptabilités sont donc parfaitement distinctes. Elles sont annuelles. Cependant les corps peuvent être remboursés sur mandats des intendants, trimestriellement (1). Mais dans ce cas, pour faciliter le travail de ces fonctionnaires, ils leur doivent des bordereaux récapitulatifs en fin d'année. C'est alors que s'opère la liquidation de toutes ces dépenses et des paiements.

345. — Les corps d'artillerie, spécialement, fournissent au Ministre (1er *bureau*) les rapports trimestriels (mod. 1 et 2) annexés à la circulaire du 23 septembre 1857 (*J. M. t. VIII, p.* 369).

346. — En outre, chaque année au 1er octobre les corps établissent un état conforme au modèle ci-après (347), indiquant en deux lignes :

1° Le total des dépenses déjà faites ou engagées au 1er octobre pour les articles 7, 8 et 11 du chapitre XIV du budget ; — (*V. ci-dessus, art.* 344).

2° Un devis de celles projetées pour le 4me trimestre.

Ce devis, une fois arrêté et transmis, ne peut, en aucun cas, être dépassé.

L'état est remis au sous-intendant chargé de la police administrative du corps ; les intendants divisionnaires centralisent ce travail, récapitulent tous les états des corps de leur division et dressent un état général pour être envoyé au Ministre au plus tard le 20 octobre.

Lorsqu'un corps a des fractions détachées, le conseil d'administration central comprend, dans sa situation, ces fractions pour toutes les dépenses notifiées, sans se préoccuper des autres. De leur côté ces fractions détachées ne comprennent que les dépenses inconnues du conseil central. De cette façon les doubles emplois ne peuvent se produire. S'il s'en produisait pourtant, le conseil central en aviserait le Ministre directement et sans retard.

(1) Et même en un seul mandat, v. 1-73, 213. Alors il faut établir un bordereau général récapitulatif des bordereaux partiels.

10e DIVISION MILITAIRE. 347. (MODÈLE.)

RELEVÉ *des dépenses faites en 187 par les divers corps de troupe stationnés dans la 10e division militaire, au titre des articles 7, 8 et 11 du chapitre XIV du budget.*

DÉSIGNATION des CORPS DE TROUPE.	ARTICLE 7. — DÉPENSES						ARTICLE 8 —	ARTICLE 11 —	OBSERVATIONS.
	de la gymnastique.	du tir.	de la natation.	des écoles de tambours, trompettes et clairons.	pour les théories et placards.	TOTAL de l'article 7.	DÉPENSES des écoles régimentaires.	DÉPENSES de l'escrime.	

A . . . . le . . . . 187 . .

COMPTABILITÉ-FINANCES DES ÉCOLES DONT LES DÉPENSES INCOMBENT AUX MASSES OU A DES FONDS AUTRES QUE CEUX DES ÉCOLES.

348. — Les dépenses sont acquittées au fur et à mesure qu'elles se produisent, et en vertu d'autorisations spéciales des sous-intendants, si elles ne sont pas formellement indiquées dans les nomenclatures arrêtées par le Ministre. Elles sont justifiées ainsi qu'il a été dit ci-dessus, art. 341. Elles ne font l'objet d'aucun bordereau récapitulatif particulier. Elles sont vérifiées et contrôlées chaque année avec les autres comptes des masses d'entretien ou des fonds spéciaux dans lesquels elles doivent être comprises. — 302. 459.

INVENTAIRES ANNUELS (1).

349. — Indépendamment des inventaires dressés pour la remise du matériel au génie lors des changements de garnison, de l'inventaire général du matériel d'habillement, d'équipement, de campement et de harnachement produit en exécution de la circulaire du 19 mars 1873 (*J. M. p.* 397), des inventaires du matériel d'artillerie (armement), du matériel des hôpitaux, de ceux des équipages et du génie (outils de sapeurs), les corps de troupe établissent chaque année, au 31 décembre, *un inventaire* en double expédition comprenant l'énumération et l'estimation des matériels ci-après; savoir :

1° Des écoles régimentaires, 1er, 2e degré et engagés d'un an, (mobile et fixe) ;
2° De l'école de tir ;
3° De l'école d'escrime;
4° De l'école de gymnastique (mobile et fixe);
5° De l'école de natation.
6° De la bibliothèque (ouvrages mis à la disposition du régiment par le Ministre de la guerre et comprenant les théories, manuels de sous-officier, etc.).

Cet inventaire est suivi d'une récapitulation présentant la valeur du chacun des chapitres ci-dessus indiqués.

Le décompte de la valeur des objets s'établit d'après les prix ministériels; en l'absence de ces prix, les objets sont évalués aux prix communs d'achat.

Les objets bons subissent une moins-value de 30 p. %; ceux qui sont à réparer en subissent une de 60 p. %.

Le décompte de ces prix est toujours exprimé en chiffres ronds de cinq ou de dix centimes.

Les ustensiles en verre, terre, etc., sont toujours évalués au prix du classement neuf.

350. — Les fonctionnaires de l'intendance, seuls, prononcent la mise hors de service des objets mobiliers. Ces objets doivent être,

(1) Art. 23 de l'inst. spéciale au matériel des hôpitaux et des écoles, du 15 mars 1872, J. M. p. 336.

autant que possible, livrés au domaine avant l'établissement des inventaires; en attendant, il n'y a pas lieu de leur assigner de valeur. Si quelques uns étaient susceptibles d'être utilisés ou transformés, ils seraient évalués au dixième de leur prix neuf.

351. — Si, au 31 décembre, et par suite d'un mouvement, un corps n'est pas en possession du matériel des écoles de tir, etc., qu'il doit laisser dans les casernes, il établit des inventaires négatifs, en indiquant les lieux de garnison où il en a fait la remise entre les mains des agents du service du génie. (*C. M.* 15 *novembre* 1847, *J. M. t.* IV, *p.* 788.)

Écoles dans la gendarmerie (1).

352. — Les enfants de troupe des compagnies de la gendarmerie départementale sont instruits dans les écoles du 1er et du 2e degré des corps d'infanterie où ils sont en subsistance, sans dépense pour la gendarmerie, et sans qu'il y ait lieu d'augmenter pour ce motif les allocations des régiments d'infanterie.

353. — Les gendarmes des brigades tiennent pour améliorer leur instruction élémentaire, des cahiers d'écriture qui sont vus et paraphés le samedi ou le dimanche matin de chaque semaine par le chef de brigade.

Celui-ci indique à l'encre rouge les fautes d'orthographe, et souligne les mots sans les biffer, et en les écrivant correctement au-dessus.

354. — Lorsque le service le permet, les gendarmes peuvent être réunis périodiquement pour constituer une classe d'instruction, sous la direction du chef de brigade. Dans les résidences importantes un sous-officier ou brigadier peut être chargé de diriger cette classe.

355. — Les commandants d'arrondissement et de compagnie visent lors de leurs tournées, les cahiers d'écriture des gendarmes placés sous leurs ordres.

356. — Les dépenses de papier, plumes, encre, etc., sont à la charge des gendarmes.

357. — Dans la garde républicaine, les écoles du 1er et du 2e degré sont installées et fonctionnent comme dans les autres corps de troupe. (*Art.* 330 *du règ.* 18 *fév.* 1863, *J. M. t.* X.)

Écoles du génie (2).

358. — Une école régimentaire est établie dans chacune des places servant habituellement de garnison aux régiments du génie, pour l'instruction spéciale des soldats, des brigadiers, des caporaux et des sous-officiers, ainsi que pour celle des officiers de ces régiments.

---

(1) Art. 179 du règ. 9 avril 1858, J. M. t. VIII, p. 487. — C. M. 29. fév. 1864, J. M. t. X.

(2) Règ. 30 juin 1856, J. M. t. VII, p. 317.

PERSONNEL.

359. — Le colonel du régiment du génie qui tient garnison dans la place a la direction supérieure de l'École; pour tout ce qui en concerne l'administration, il a les attributions des directeurs du génie; c'est-à-dire qu'il est chargé d'ordonnancer les dépenses et de correspondre directement avec le Ministre.

Sous les ordres du colonel, un chef de bataillon de l'état-major du génie exerce les attributions de *commandant de l'École*; c'est-à-dire qu'il dirige et surveille les détails de l'instruction spéciale et de l'administration. Il est secondé par deux adjoints, officiers de l'état-major du génie.

Trois professeurs civils sont attachés à l'école: un pour la grammaire, un pour le dessin et un pour les sciences mathématiques.

Deux gardes du génie sont aussi attachés à l'école sous les ordres directs du commandant de l'École, pour la conservation du matériel et le bureau. L'un d'eux remplit les fonctions de gérant pour les dépenses.

360. — Le colonel désigne en outre les officiers, les sous-officiers, les caporaux et les soldats qui concourent à l'instruction spéciale ou qui doivent seconder les professeurs et les gardes du génie.

MATÉRIEL ET DÉPENDANCES.

361. — Chaque école est pourvue de locaux tels que: salles de cours et de travail, bibliothèque, dépôt des cartes et des plans, cabinet d'instruments et de modèles, etc., d'un terrain appelé polygone, attenant aux glacis de la place, et de tous les instruments et outils nécessaires.

DES COURS.

362. — L'instruction donnée dans les écoles régimentaires du génie comprend différents cours: les uns sont suivis par les hommes de troupe, les autres sont spécialement destinés aux officiers subalternes.

363. — Sauf quelques dispenses que le colonel peut accorder nominativement, les cours sont obligatoires pour la troupe et pour les officiers qui n'ont pas suivi ceux de l'école d'application. Il y a trois cours que tous les capitaines et les lieutenants doivent suivre. (*V. cependant* 1-69,721, *art.* 82.)

364. — Des registres de séances et de renseignements relatifs à l'instruction sont tenus par les professeurs et par le commandant de l'école. (*V. J. M. t. VII, p.* 324.)

365. — Indépendamment des cours théoriques, l'école comprend des cours pratiques sur la fortification, la sape, les mines, etc., et les officiers sont astreints à rédiger des projets et différents travaux qui sont examinés chaque année.

ADMINISTRATION ET COMPTABILITÉ.

366. — Chaque année, le commandant de l'école, assisté par le directeur, établit des projets faisant connaître les dépenses auxquelles doit donner lieu l'instruction de l'année suivante.

367. — Des gratifications ou indemnités peuvent être accordées à des soldats, des brigadiers, des caporaux ou des sous-officiers.

368. — Les dépenses de ces écoles sont administrées suivant le mode de régie; toutefois la fourniture des matériaux qu'on y emploie donne lieu à des marchés passés avec publicité et concurrence. Les recettes et les dépenses donnent lieu à une comptabilité courante et à des comptes d'exercice qui sont soumis aux dispositions réglementaires concernant le service du génie dans les places, et imputées au chapitre XIII du budget de la guerre (établissements et matériel du génie), le commandant de l'École remplissant à cet égard les fonctions que ces dispositions attribuent aux commandants du génie. — V. 359.

369. — Les travaux à faire aux bâtiments de l'École, au polygone et aux terrains mis à la disposition du régiment, ressortissent au service du génie de la place.

Écoles d'artillerie (1).

370. — Les écoles d'enseignement primaire du premier et du second degré sont organisées dans l'artillerie comme dans les autres corps d'infanterie ou de cavalerie (216). Nous ne nous occuperons ici que d'écoles spéciales à l'artillerie, comportant l'enseignement élémentaire des sciences mathématiques et physiques.

ORGANISATION.

371. — Le nombre des écoles d'artillerie est égal à celui des corps d'armée. Elles sont établies à Angoulême, Besançon, Bourges, Castres, Clermont-Ferrand, Douai, Grenoble, la Fère, le Mans, Orléans, Poitiers, Rennes, Tarbes, Toulouse, Valence, Vannes, Versailles, Vincennes. Une école reste à organiser dans une ville à déterminer de la région qui sera affectée au 6e corps d'armée.

372. — Les écoles sont divisées en deux classes. (*D.* 17 *nov.* 1860.)

373. — Chaque école est commandée par un officier supérieur ayant le titre de *Directeur de l'école d'artillerie*. Elle comprend un état-major et des militaires employés à divers titres.

374. — L'état-major se compose de :

1° L'officier supérieur (lieutenant-colonel) ; directeur;
2° Un capitaine professeur de sciences (2);

---

(1) D 4 déc. 1873, J. M. p. 441; 5 mars 1870, J. M. p. 278; 20 janvier 1874, J. M. p. 21.

(2) Cet emploi était exercé autrefois par des civils. Il en existe encore quelques uns qui, aux termes du décret du 16 juillet 1850 (*J. M. t. V.*) seront remplacés au fur et à mesure des vacances.

3° Un garde principal, préposé à la conservation des bâtiments, du matériel et des objets mobiliers, et chargé de la comptabilité-finances ;

4° Un garde de première ou de deuxième classe, pour le parc et le polygone, ainsi que la comptabilité-matières y relative ;

5° Un garde chef artificier.

375. — Un officier du grade de lieutenant ou de sous-lieutenant appartenant à l'un des corps attachés à l'École remplit les fonctions d'adjoint au professeur de sciences.

En outre, des capitaines en nombre suffisant désignés à cet effet par l'inspecteur général sont chargés de professer aux lieutenants et aux sous-lieutenants les cours qui ne sont point enseignés par les professeurs titulaires.

Un capitaine et deux lieutenants adjoints sont employés à la direction du parc de l'École.

376. — Tout le personnel est placé sous les ordres du directeur de l'École.

377. — Le directeur de l'École est investi des fonctions d'ordonnateur secondaire. Il est particulièrment chargé de la surveillance du matériel et des établissements affectés au service de l'École. Le capitaine directeur du parc est placé sous ses ordres pour l'exécution de cette partie du service.

378. — Le professeur de sciences est investi des fonctions de conservateur de la bibliothèque, des modèles, collections, etc. Un sous-officier d'artillerie est mis à sa disposition pour le service de la bibliothèque.

DE L'INSTRUCTION (1).

379. — Dans l'artillerie, le système d'instruction comporte une instruction de régiment et une instruction d'école. Nous n'avons à nous occuper que de cette dernière.

380. — On appelle instruction d'école :

1° Des cours ayant un caractère scientifique, ou tout au moins technique, destinés à compléter l'instruction des lieutenants ou des sous-lieutenants et celle des sous-officiers qui semblent susceptibles de devenir sous-lieutenants ou gardes ;

2° Les conférences pour les capitaines d'artillerie auxquelles assistent tous les officiers supérieurs de l'arme et tous les capitaines en résidence dans la place.

381. — Cette instruction est placée sous la haute direction du général de brigade commandant l'artillerie du corps d'armée. Il préside les conférences et désigne les sujets qui doivent y être traités. En son abscence, les conférences sont présidées par l'officier le plus ancien dans le grade le plus élevé.

382. — Le directeur de l'École dirige les cours sous l'autorité du général. Au commencement de chaque semestre d'hiver et d'été et plus souvent s'il y a lieu, il dresse un tableau de l'instruction qui doit être donnée pendant le semestre.

(1) V. les programmes des cours professés dans les écoles d'artillerie, au J. M. t. V, p. 118.

383. — Les cours sont faits aux lieutenants et aux sous-lieutenants, ainsi qu'aux sous-officiers par le professeur de sciences et son adjoint.

Les autres cours sont professés par des capitaines désignés à l'inspection générale.

384. — Des prix sont accordés chaque année aux hommes des divers corps de l'artillerie qui se sont le plus distingués par leur adresse dans les divers exercices pratiques.

MATÉRIEL DES ÉCOLES (1).

385. — Un bâtiment spécial, dit hôtel de l'École, est affecté à l'instruction des officiers et des sous-officiers d'artillerie.

Il contient des salles de cours et des salles de dessin, les archives de l'École, une bibliothèque, un cabinet de physique, un laboratoire de chimie, un dépôt de cartes et plans, et une collection de machines, d'instruments et de modèles.

Des salles sont disposées pour recevoir les collections d'armes françaises et étrangères, les modèles de bouches à feu, d'affûts, de voitures et d'attirails de l'artillerie, ainsi que les machines, instruments et modèles dont la connaissance est jugée utile pour les officiers d'artillerie.

386. — Les livres, les cartes et les plans, les appareils de physique, les réactifs de chimie, les machines, les instruments et les modèles sont fournis par le Ministre, sur l'avis du comité de l'artillerie et d'après des états de demande produits par le directeur de l'Ecole.

ADMINISTRATION ET COMPTABILITÉ (2).

387. — L'administration est confiée à un conseil composé :

Du directeur de l'Ecole, président ;

D'un chef d'escadron appartenant aux troupes d'artillerie et désigné chaque année par le général inspecteur ; } Membres.
D'un capitaine ;
Du professeur de sciences ;
Du capitaine directeur du parc.

Le secrétaire est le garde principal. Il n'a pas voix délibérative.

388. — L'administration et la comptabilité sont exercées d'après les règles prescrites pour les directions d'artillerie.

389. — Le conseil s'assemble sur la convocation de son président.

Le sous-intendant chargé de la surveillance administrative de l'Ecole est prévenu de chaque convocation par le président.

390. — Le conseil tient un registre de ses délibérations.

391. — Toute dépense excédant 10000 fr., pour fournitures ou achats, constructions et réparations ne peut être faite que par suite

---

(1) V. ci-dessus l'art. 377.
(2) Rég. 15 déc. 1869, J. M. p. 244.

d'une adjudication publique sur soumissions cachetées, sauf l'autorisation spéciale du Ministre.

Les adjudications ne peuvent avoir lieu qu'en vertu d'ordres ministériels.

Tous les marchés ne faisant pas l'objet d'adjudications sont, comme ceux qui sont passés à la suite d'adjudications, soumis à l'approbation ministérielle.

Les menus achats auxquels les directeurs peuvent exceptionnellement faire procéder sans l'autorisation préalable du Ministre, sont déterminés. (*V. art.* 5 *de l'instruction faisant suite au règ. du* 15 *déc.* 1869.)

392. — Tous les approvisionnements sont visités et reçus à leur arrivée par un ou deux membres du conseil d'administration, qui en dressent procès-verbal.

393. — Aucune démolition de matériel ne peut avoir lieu sans l'autorisation du Ministre.

394. — La solde de la première classe dans l'arme à laquelle ils appartiennent, avec supplément du tiers, est allouée aux officiers employés dans les écoles d'artillerie, pour les journées de présence dans ces établissements.

395. — Les fonds nécessaires aux écoles d'artillerie proviennent du chapitre XII du budget de la guerre (établissements et matériel de l'artillerie); les dépenses sont donc imputées à ce chapitre et non à celui des écoles.

Écoles primaires dans les pénitenciers militaires (1).

396. — Il existe dans chaque pénitencier militaire une école d'enseignement mutuel du 1er degré; c'est-à-dire de lecture, d'écriture et d'arithmétique.

397. — Les cours se font d'après la méthode employée dans les régiments. Une salle spéciale de la prison est affectée à l'école. Si les classes ne peuvent être admises simultanément aux cours, elles y sont appelées à tour de rôle.

398. — Les moniteurs sont choisis parmi les détenus. Le greffier les dirige en qualité de *moniteur général.*

399. — Les allocations pour le matériel nécessaire à l'école sont réglées pour chaque établissement, selon le nombre des détenus, par décision du Ministre de la guerre.

400. — Une collection de livres dont il est tenu catalogue, est placée dans chaque établissement, pour être donnée en lecture aux détenus les jours fériés. La garde et la conservation de ces livres sont confiées au moniteur général, sous la surveillance du lieutenant adjudant.

---

(1) Section VII du chap. IX du titre III du règ. 23 juillet 1856, J. M. t. VII, p. 431.

CHAPITRE X.

ÉCOLE CENTRALE DE PYROTECHNIE (1).

Objet.

401. — L'École centrale de pyrotechnie militaire instituée à Bourges a pour objet de former des praticiens habiles destinés à porter dans les corps de troupe un mode d'enseignement et des méthodes uniformes, en ce qui concerne la confection et l'emploi des artifices de guerre.

Elle comprend, en outre, des ateliers permanents de fabrication, où sont exécutées les commandes prescrites par le Ministre de la guerre, soit pour les approvisionnements de guerre, soit pour les travaux d'expériences et de recherches.

Personnel.

402. — Le personnel de l'École comprend un état-major et des troupes.

403. — L'état-major se compose :

D'un colonel ou lieutenant-colonel d'artillerie, commandant, directeur et ordonnateur secondaire des dépenses de l'établissement ;

D'un lieutenant-colonel ou chef d'escadron d'artillerie, sous-directeur et chargé spécialement de la fabrication et des expériences ;

D'un chef d'escadron ou capitaine en premier, sous-directeur adjoint, chargé spécialement des études et de l'instruction des élèves ;

D'officiers et d'employés d'artillerie, pour assurer le service de l'instruction et de la fabrication : un garde est chargé de la comptabilité-matières de l'École et un autre de la comptabilité-finances ;

De deux adjudants, détachés de l'arme, et comptant à la suite de leurs corps.

404. — Les troupes consistent en une compagnie d'artificiers.

405. — L'organisation de l'École comporte en outre un conseil d'administration et un conseil d'instruction (414). Les mêmes officiers concourent à la formation de ces deux conseils; toutefois le second est complété par l'adjonction de deux capitaines d'artillerie désignés par le directeur, et même, dans certains cas, de tous les officiers attachés à l'École.

De l'admission et de l'instruction des élèves.

406. — Les élèves sont choisis dans l'arme de l'artillerie, exclusivement, par les inspecteurs généraux, dans la proportion que détermine chaque année le Ministre. — 407.

Les candidats sont des maréchaux des logis, des brigadiers ou des

(1) D. 16 avril 1870, J. M. p. 153. — D. M. 30 juin 1860, J. M. 1-70, 271. — I. 30 juin 1873, art. 52, J. M. p. 1038.

élèves brigadiers qui manifestent l'intention de suivre la carrière militaire.

Les commandants de batteries détachées adressent leurs propositions au colonel commandant le régiment.

407. — Le Ministre peut faire admettre des sujets appartenant à d'autres armes que celle de l'artillerie.

408. — Les cours ont une durée d'un an : ils commencent au 1er janvier et se terminent au mois de décembre suivant.

409. — Les élèves (un au plus par corps) qui se sont fait remarquer par une aptitude particulière peuvent être maintenus à l'École une 2me année en qualité de chefs d'atelier.

410. — L'instruction qui est donnée aux élèves comprend :

1° Celle qu'ils auraient reçue en restant dans leurs corps ;
2° Un cours spécial d'artillerie ;
3° Des instructions théoriques et pratiques sur la confection et l'emploi des munitions et artifices de tout genre ;
4° Des cours accessoires de français, d'arithmétique, de dessin linéaire et d'histoire ;
5° Des notions élémentaires de géométrie.

Ces cours sont faits par les capitaines de l'état-major de l'École, et, en cas d'insuffisance dans le nombre de ces officiers, par des officiers pris dans les troupes attachées à l'École.

De la sortie.

411. — A la fin des cours, les élèves passent des examens devant une commission consultative présidée par le général commandant l'artillerie dans le corps d'armée de la région duquel l'École fait partie.

Les listes définitives par ordre de mérite sont établies d'après un classement provisoire arrêté par le conseil d'instruction et d'après les notes obtenues à ces examens.

Le Président les adresse à l'inspecteur général, qui les transmet au Ministre.

412. — L'état nominatif des élèves proposés pour passer une seconde année à l'École est dressé et transmis de la même manière au Ministre.

413. — L'avancement des élèves au titre des corps auxquels ils appartiennent respectivement est sauvegardé; l'avancement est la récompense de ceux qui se distinguent par leur travail et leur application. Un tableau d'avancement est dressé à l'École et présenté à l'approbation du général d'artillerie chargé de l'inspection annuelle de l'établissement. Les propositions qu'il renferme sont communiquées aux chefs de corps.

Administration et comptabilité (1).

414. — L'administration de l'École est confiée à un conseil composé de cinq membres; savoir :

(1) R. 15 déc. 1869, J. M. p. 244.

Le directeur, *président*;
Le sous-directeur,
Le sous-directeur adjoint,
Deux capitaines d'artillerie pris par ordre d'ancienneté autant que possible, l'un dans l'état-major, l'autre dans les troupes employées à l'École; } *membres*.

Le garde d'artillerie, agent spécial de l'établissement, remplit les fonctions de secrétaire sans voix délibérative.

415. — Les suppléants sont pris parmi des officiers d'artillerie du même grade que les titulaires, et, à défaut, du grade inférieur.

416. — Le sous-intendant chargé de la surveillance administrative de l'École est prévenu par le président de chaque convocation.

417. — A moins d'une autorisation spéciale du Ministre, toute dépense excédant 10000 francs pour fournitures, achats ou réparations ne peut être faite que par adjudication publique au rabais et sur soumissions cachetées. Un délégué du conseil d'administration assiste aux adjudications.

Aucune adjudication ne peut avoir lieu qu'en vertu d'ordre ministériel.

Les marchés pour fournitures et travaux qui ne doivent pas être mis en adjudication sont passés par le conseil d'administration et soumis à l'approbation du Ministre. — 391.

De menus achats peuvent être faits par le directeur sans l'autorisation ministérielle.

Il ne peut être donné suite aux adjudications, soumissions et marchés qu'après l'approbation du Ministre.

418. — Tous les objets d'approvisionnement achetés sont soumis à visite, et la réception en est faite par deux membres du conseil d'administration qui en dressent procès-verbal.

419. — Aucune démolition de matériel ne peut avoir lieu sans l'autorisation du Ministre.

420. — Les élèves sont mis en subsistance dans l'un des corps ou fractions de corps attachés à l'École.

421. — Ils sont pourvus par les soins du conseil d'administration de leur corps : 1° de toutes les théories dont ils ont besoin; 2° des effets nécessaires pour recevoir l'instruction à cheval lorsqu'ils appartiennent à un corps monté.

422. — Les officiers, les employés et les adjudants attachés à l'état-major de l'École reçoivent, à titre d'indemnité, le supplément de solde du tiers de leurs appointements, comme dans les autres écoles militaires.

423. — La compagnie d'artificiers est traitée pour les journées de travail comme celles qui sont détachées dans les poudreries (art. 9 du règ. 16 déc. 1865).

424. — Les militaires détachés à l'École en qualité d'élèves ou de chefs d'atelier, reçoivent les mêmes prestations que dans les corps, selon leurs grades. Lorsqu'ils sont employés à l'exécution des commandes, ils reçoivent en outre le prix des journées de travail fixé par l'article précité. — 423.

425. — L'intendance est chargée de l'inspection de l'École. Un sous-intendant exerce la surveillance administrative de l'établissement et, à l'égard des comptabilités en matières et en argent, le contrôle attribué aux fonctionnaires de l'intendance dans toutes les gestions qui se rapportent aux intérêts militaires de l'État. (*V. en outre le chap. II. du titre IV du règ. du* 15 *déc.* 1869.)

CHAPITRE XI.

DES ÉCOLES NORMALES

De tir (1).

426. — Une École normale a été instituée à Châlons-sur-Marne dans le but de procurer aux corps de troupe des instructeurs pour le tir des armes à feu portatives.

427. — Le cadre de l'École est composé de militaires de toutes les armes, détachés de leurs corps; il ne comprend que des instructeurs ou professeurs.

Le directeur est un officier supérieur.

428. — Un officier général, pourvu du titre *d'inspecteur général du tir*, a la surveillance permanente de l'École; il veille à ce que les élèves y puisent et reportent dans tous les corps de l'armée des principes et un enseignement uniformes.

429. — Les instructions annuelles sur les inspections générales d'armes indiquent le nombre d'élèves à envoyer à l'École par chaque corps (2).

Ces élèves sont pris parmi les officiers du grade de sous-lieutenant ou de lieutenant, âgés de 35 ans au plus et possédant une instruction assez étendue pour suivre avec fruit les développements des cours.

430. — Des sous-officiers et des caporaux ou brigadiers sachant lire, écrire, connaissant les quatre règles et ayant encore deux ans de service à faire sont désignés de même pour suivre les cours pratiques du tir avec les officiers.

431. — Le séjour à l'École des uns et des autres est d'environ trois mois.

432. — Les propositions de candidats sont faites aux généraux inspecteurs par les chefs de corps et appuyées de l'état des services; celles qui concernent les sous-officiers et les caporaux ou brigadiers sont en outre accompagnées du relevé des punitions et d'une feuille sur laquelle le candidat a calculé et écrit sous la dictée.

433. — L'École ne comporte pas de personnel administratif: les officiers sont administrés par l'un des corps stationnés à Vincennes, et les hommes de troupe y sont placés en subsistance.

434. — Les hommes de troupe apportent à l'École tous leurs effets et leurs armes (moins les cartouches et les accessoires de chef d'escouade). Leurs effets d'habillement doivent avoir, au mo-

(1) C. M. 24 février 1866, J. M. p. 61. — N. M. 24 avril 1874, J. M. p. 425.
(2) V. 1-73,903,933 et suiv.

ment de leur départ du corps, un trimestre au moins à parcourir. (*V. D. M.* 9 *avril* 1847, *J. M. t. IV.*)

435. — Au moment de la mise en route des élèves, les chefs de corps adressent au commandant de l'École l'état des services des officiers et une copie des folios matricules et des feuillets de punitions des sous-officiers et des caporaux ou brigadiers.

Les conseils d'administration des corps expédient à celui qui est chargé de l'administration de l'École les cessations de paiement et toutes les pièces comptables concernant lesdits élèves.

436. — Les états de services dressés ultérieurement pour les officiers qui ont suivi les cours, doivent porter l'indication de leur passage à l'École, avec le n° de sortie et les récompenses qu'ils ont obtenues.

De gymnastique (1).

437. — L'École normale de gymnastique a été instituée aux redoutes de la Faisanderie et de Gravelle près Vincennes dans le but de former des directeurs et des moniteurs de gymnastique pour les corps de troupe ; elle reçoit des élèves de ces corps chaque année, aux époques et d'après les nombres fixés par le Ministre. — 432.435.

438. — Autant que possible, les élèves ne doivent pas être choisis parmi les militaires nés ou ayant leur famille à Paris ; ils doivent avoir au moins trois ans de service à faire et être aptes aux exercices gymnastiques.

Les caporaux présentés, à cet effet, à l'inspection générale, doivent être, en même temps, proposés pour l'avancement.

Lorsque le corps n'est pas réuni, la désignation des élèves a lieu de la manière suivante: — Si les bataillons actifs sont en France, ils sont pris dans lesdits bataillons et, autant que possible, parmi ceux proposés à la dernière inspection générale. Si, au contraire, les bataillons actifs sont hors de France, ils sont pris au dépôt parmi les jeunes caporaux auxquels cette destination peut être donnée, même sans qu'ils aient été proposés pour cette destination et sans qu'ils figurent sur le tableau d'avancement.

Ces dispositions sont applicables aux compagnies actives et aux dépôts des bataillons de chasseurs à pied. — V. 434.

L'état-major de l'École se compose de:

Un officier supérieur ou capitaine, commandant;
Un capitaine commandant en second ;
Trois lieutenants professeurs;
Un médecin-major.

439. — Des moniteurs, pris parmi des sous-officiers et des caporaux maintenus temporairement à l'École, sont adjoints aux professeurs.

(1) C. M. 11 janvier 1853, J. M. t. V, p. 536 et 537.

440. — Le séjour des élèves à l'École est de six mois ou environ.

441. — L'École ne comporte pas de personnel administratif. Il est procédé comme nous l'avons indiqué à l'art. 433, en ce qui concerne le service de la solde.

442. — Les autres dépenses de l'École font l'objet de comptes établis ainsi que nous l'expliquerons au chapitre XIII ci-après. — 460, 467.

443. — Les effets de gymnase nécessaires aux élèves leur sont fournis à l'École.

CHAPITRE XII.

ÉCOLES D'ADMINISTRATION.

444. — Les écoles d'administration ne sont pas encore fondées en France; celles que nous signalerons dans ce chapitre n'en sont que les premiers rudiments.

I.

445. — Tout d'abord nous citerons :

1° Les cours qui doivent être faits dans l'intérieur des corps : 1° aux fourriers et élèves et aux sergents-majors ou maréchaux des logis chefs, par le trésorier ou son adjoint. — On y enseigne la comptabilité d'une compagnie, d'un escadron ou d'une batterie. (*V. programme* 17 *sept.* 1853, *J. M. t. V.*); 2° aux officiers par le major ou le lieutenant-colonel. On doit y enseigner la législation militaire et l'administration des corps de troupe, des compagnies principalement ;

2° Les cours spéciaux de législation, d'administration et de comptabilité militaires faits à l'école spéciale militaire et dans les écoles d'application. — 91, 160, 183, 203.

II.

446. — Il est établi à Vincennes (1) sous la surveillance supérieure du sous-intendant militaire et la direction d'un officier d'administration une école théorique et pratique à l'usage des sous-officiers stagiaires d'administration. Les cours sont terminés par un examen et un classement. — 454.

447. — Les sujets à envoyer aux cours sont proposés chaque année aux inspections générales et parfois aux inspections trimestrielles, selon les ordres du Ministre.

448. — Les sous-officiers présentés pour ce stage, qui doit précéder l'emploi d'élève d'administration dans l'un des quatre services administratifs de la guerre (bureaux de l'intendance militaire, hôpitaux, subsistances, habillement et campement), doivent être célibataires, compter au moins un an d'activité dans leur grade au 31 décembre de l'année de la proposition, et être âgés de moins de trente ans à la même époque. Ils sont proposés *sans distinction de service* et sur leur demande.

449. — Ceux dont le Ministre a admis le mémoire de propo-

(1) C. M. 27 avril 1872, J. M. p. 395.— Programme des connaissances exigées des candidats au stage des services administratifs, 1er juin 1872, J. M. p. 673. Voyez ce programme ci-après, article 450.

sition sont réunis à une époque et dans des places déterminées, à l'effet d'y subir un examen sous la surveillance d'une commission locale présidée par un fonctionnaire de l'intendance.

450. — Voici le programme détaillé des connaissances sur lesquelles portent ces examens (épreuve écrite) :

1° GRAMMAIRE FRANÇAISE.

Les candidats justifient dans une dictée en texte suivi de la connaissance de la langue française.

On ne saurait trop leur recommander d'apprendre sérieusement les règles de la syntaxe, le sujet de la composition devant être choisi de manière à permettre à la commission d'apprécier le degré d'avancement des études grammaticales des concurrents.

2° ARITHMÉTIQUE.

Théorie et pratique des quatre règles des nombres entiers et des fractions décimales.
Divisibilité et décomposition des nombres.
Théorie et calcul des fractions ordinaires seules ou réunies à des entiers. — Parties aliquotes.
Théorie et calcul des nombres négatifs.
Elévation aux puissances.
Extraction des racines.
Des rapports et des proportions.
Des progressions arithmétiques et géométriques.
Poids et mesures. — Système métrique. — Mesures anciennes. — Calcul des nombres complexes.
Solution des problèmes en général. — Études des diverses méthodes et de leurs applications pratiques.
Règle de trois simple et composée.
Règle conjointe.
Règle d'intérêt simple et composé.
Règle d'escompte.
Règle de société.
Règle de mélange.
Règle d'alliage.

3° GÉOMÉTRIE.

A. Géométrie plane.

1° Axiômes fondamentaux. — Égalités. — Inégalités.

Des lignes. — Lignes droites. — Droites concourantes, perpendiculaires, obliques, angles. — Lignes parallèles. — Lignes courbes.

Circonférence du cercle.

Mesure de la ligne droite, des angles, des arcs, de la circonférence.

2° Du triangle, ses propriétés. — Du quadrilatère, ses variétés.

— Du polygone en général. — Des polygones réguliers et du cercle.

3° Des figures équivalentes et de la mesure des surfaces planes; aires du rectangle, du parallélogramme, du triangle, du trapèze, des polygones réguliers, du cercle, du secteur, du segment.

4° Des lignes proportionnelles. — Des polygones semblables. — Des rapports des polygones semblables. — Détermination du rapport numérique de la circonférence au diamètre.

5° Problèmes. — Applications pratiques sur les diverses parties du programme ci-dessus.

B. *Géométrie dans l'espace.*

1° Définitions. — Combinaisons des plans avec la ligne droite. — Plans parallèles. — Angles dièdres, trièdres, polyèdres. — Plans perpendiculaires.

2° Des polyèdres. — Définitions. — Étude sur le prisme. — La pyramide, le tronc de prisme et de pyramide.

Théorèmes. — Evaluation des surfaces, volumes, poids.

3° Etude sur le cylindre et le tronc de cylindre, le cône et le tronc de cône, la sphère. — Théorèmes divers. — Evaluation des surfaces, volumes, poids.

4° Étude sur les polyèdres semblables.

5° Problèmes et applications pratiques sur les diverses parties du programme ci-dessus.

4° HISTOIRE DE FRANCE.

(Extrait des programmes officiels de l'enseignement secondaire spécial).

1° *La France depuis l'origine jusqu'en* 1453.

Les Gaulois avant la domination romaine. — Nombreuses expéditions au dehors. — Prise de Rome, pillage de Delphes, conquête d'une partie de l'Asie Mineure (Galatie). — César en Gaule : siége d'Alésia. — La civilisation romaine en Gaule. — Conversion des Gallo-Romains au Christianisme. — Invasion des Barbares. — Les Francs. — Clovis. — Dagobert. — Puissance des Mérovingiens. Les rois fainéants et les maires du palais. — Charles-Martel. — Pépin le Bref. — Efforts pour rétablir l'unité de commandement. — Charlemagne. — Ses conquêtes. — Unité temporaire du monde germanique.

Ruine de l'empire carlovingien : bataille de Fontanet. — Traité de Verdun. — Nouvelles invasions. — Northmans. — Démembrement de la France en grands fiefs.

Les Capétiens. — Abaissement de la royauté française, mais activité et grandeur de la nation. — Fondation du royaume des Deux-Siciles et du royaume de Portugal. — Conquête de l'Angleterre par le duc de Normandie.

La féodalité et la chevalerie. — La première croisade. — Godefroy de Bouillon, roi de Jérusalem.

Louis le Gros : ses efforts pour mettre de l'ordre dans ses États. — Louis VII et Philippe-Auguste. — La royauté française augmente à la fois son domaine et son autorité.

Troisième et quatrième croisades. — Prise de Constantinople par les Français et par les Vénitiens. (Villehardouin). — Croisade contre les Albigeois. — Saint-Louis. — Ascendant de la France au XIIIe siècle (Joinville).

Progrès de la population urbaine et du commerce (la lettre de change). — Les communes. — Industries nouvelles; les corporations, jurandes et maîtrises transforment en monopole, au profit du petit nombre, l'exercice de l'industrie. — La liberté manque au travail et le défaut de concurrence en arrête l'essor. — État des campagnes : servage. — La terre entre les mains de la noblesse et du clergé. — Les universités. — Astrologie. — Alchimie. — Architecture ogivale.

Renouvellement en France de la lutte du sacerdoce et de l'Empire. Différend de Philippe le Bel et de Boniface VIII. — Etats généraux. — La papauté à Avignon (Dante et Pétrarque).

Avènement des Valois. Commencement de la guerre de cent ans. — États généraux. — La Jacquerie. (Froissard).

Charles VI. — Assassinat du duc d'Orléans. — Les Armagnacs et les Bourguignons. — Bataille d'Azincourt. — Charles VII (armée permanente et impôt perpétuel). — Progrès de l'ordre et du commerce ; Jacques Cœur.

2° *Histoire de la France et grands faits de l'histoire moderne, de* 1453 *à* 1789.

Progrès de la royauté en Europe. — La France : lutte de Louis XI et de Charles le Téméraire (Commines). — En Angleterre, guerre des deux Roses et avènement des Tudors. — En Espagne : formation du royaume d'Espagne. — Prise de Grenade.

Découvertes maritimes des Portugais et des Espagnols. Empire colonial des uns en Asie, des autres en Amérique. — Conséquences de ces découvertes pour le commerce de l'Europe ; changement des grandes routes commerciales du monde (Le Camoëns).

Charles VIII et Anne de Beaujeu. — Commencement des guerres d'Italie. — Conquête de Naples et bataille de Fornoue. — Louis XII.

Conquête du Milanais. — Jules II. — La sainte Ligue. — Bataille de Ravenne.

François 1er. — Bataille de Marignan. — Charles-Quint. — Rivalité de la France et de la maison d'Autriche. — Bataille de Pavie. — Soliman le Magnifique et Henri VIII.

Henri II. — Conquête des Trois-Évêchés. — Abdication de Charles-Quint. — Philippe II. — Bataille de Saint-Quentin. — Prise de Calais. — Paix de Cateau-Cambrésis.

Résultats des guerres d'Italie: les peuples qui se disputent la domination de l'Italie viennent y prendre le goût des arts et des produits délicats de l'industrie. — Découverte et influence de l'imprimerie. — La Renaissance en Italie et en France. — Raphaël et Michel-Ange; Jean Goujon et Philibert Delorme.

La réforme en Suisse et en Allemagne. — Zwingle et Luther. — Les protestants. — Bataille de Muhlberg. — Paix d'Augsbourg.

La réforme en Angleterre. — Henri VIII. — Elisabeth et Marie Stuart. — La réforme dans les Pays-Bas. — Affranchissement des Provinces-Unies. — Philippe II et Guillaume le Taciturne. — Richesse et puissance acquises à la Hollande par la liberté dont jouissent ses habitants dans l'emploi de leur activité productive.

La réforme en France. — Calvin. — François II. — Charles IX. Guerres de religion. — Henri III et la Ligue.

Henri IV. — Fin des guerres de religion; l'édit de Nantes. — Sully. — Prospérité de la France; ruine de l'Espagne.

Louis XIII. — Le maréchal d'Ancre et le duc de Luynes. — Richelieu. — Lutte contre les protestants et la noblesse; pacification intérieure. — Guerre de trente ans. — Paix de Westphalie.

Les Stuarts en Angleterre. — Jacques Ier et Charles Ier. — Révolution de 1648. — Olivier Cromwell.

Louis XIV. — Mazarin. — La Fronde, ou le dernier effort de la noblesse pour reprendre le pouvoir. — Traité des Pyrénées. — Colbert; réglementation excessive de l'industrie et du commerce; mais en réformant les finances, en épurant la comptabilité, il double les revenus sans augmenter l'impôt, et fournit au roi des ressources qu'aucun autre souverain ne peut alors trouver: Conquête de la Flandre et de la Franche-Comté. — Traité d'Aix-la-Chapelle et de Nimègue.

Chambres de réunion. — Révocation de l'Édit de Nantes et ses suites fatales. — Révolution de 1688 en Angleterre. — Guillaume III. — Coalition contre l'ambition de Louis XIV. Paix de Ryswick. — Guerre de la succession d'Espagne. — Traités d'Utrecht et de Rastadt. — Misères des dernières années du règne. — Tableau des lettres, des sciences et des arts pendant le règne de Louis XIV.

Charles XII et Pierre le Grand. — La Russie succède à la Suède comme puissance prépondérante dans le Nord.

Louis XV. — Régence du duc d'Orléans. — Law et son système. — Le cardinal de Fleury. — Guerre de la succession de Pologne et de la succession d'Autriche. — Frédéric II et Marie-Thérèse. — Progrès du royaume de Prusse.

Guerre de sept ans. — Perte d'une partie des colonies françaises. — Acquisition de la Lorraine et de la Corse. — Destruction des parlements. — Partages de la Pologne. — La Russie essaye encore de démembrer la Suède et la Turquie.

Puissance maritime de l'Angleterre. — Empire des Anglais aux Indes Orientales.

Système colonial des États modernes, fondé sur l'exploitation exclusive de la colonie par la métropole. — Importance commerciale du sucre et du café récemment entrés dans les habitudes des populations européennes. Les produits coloniaux étant payés par des produits métropolitains, l'industrie se relève. — Soulèvement des colonies anglaises d'Amérique. Guerre de l'indépendance des États-Unis. — Washington. — Traité de Versailles. — L'Angleterre perd des colonies, mais gagne du commerce.

Louis XVI. — Turgot et Malhesherbes. — Necker. — Assemblée des notables.

État de la France : Progrès des sciences et des idées de réforme. Mécontentement contre les privilégiés; déficit des finances; impuissance du Gouvernement à se créer des ressources sans faire une réorganisation politique. — Convocation des États généraux.

3° *Histoire de France et histoire générale depuis* 1789.

États généraux. — Réunion des trois ordres qui forment l'Assemblée nationale constituante. — Prise de la Bastille; nuit du 4 août; journées des 5 et 6 octobre. — Constitution de 1791. — Abolition des priviléges et égalité des droits.

Assemblée législative. — Déclaration de Pilnitz. — Guerre avec l'Autriche. — Manifeste de Brunswick. — Journée du 10 août 1792. — Massacres de septembre. — Valmy.

Convention nationale. — Procès et mort de Louis XVI. La Terreur: Journée du 9 Thermidor: — Campagne de 1793 et 1794. — Le 13 Vendémiaire. — Les assignats. — Le maximum. — Le grand-livre de la dette publique. — Le système métrique.

Directoire. — Campagne d'Italie : le général Bonaparte. — Montenotte, Arcole, Rivoli. — Traité de Campo-Formio. — Expédition d'Egypte. — Retour de Bonaparte en France. — Journée du 18 brumaire. — Constitution de l'an VIII.

Consulat. — Marengo. — Traités de Lunéville et d'Amiens. — Concordat. — Code civil. — Consulat à vie.

Empire. — Campagne d'Austerlitz. — Ulm et Trafalgar. — Paix de Presbourg.

Campagne de Prusse : Iéna, Friedland. — Paix de Tilsit. — Blocus continental. — Grands travaux d'utilité publique.

Commencement de la guerre d'Espagne. — Campagne d'Autriche, Wagram.

Campagne de Russie, d'Allemagne et de France. — Abdication de l'Empereur.

Première restauration. — Retour de Napoléon de l'île d'Elbe. — Les Cent-Jours. Waterloo. — Sainte-Hélène.

Traités de 1815. — Comparaison entre les limites des États européens à cette époque et en 1789.

La seconde Restauration. — Louis XVIII et la Sainte-Alliance.

Révolutions en Espagne et à Lisbonne, à Naples et à Turin. — Intervention de l'Autriche en Italie, de la France en Espagne; prise du Trocadéro.

Le roi Charles X. — L'indemnité aux émigrés. — Intervention des Grecs. — Bataille de Navarin. — Marche des Russes sur Constantinople. — Traité d'Andrinople.

Prise d'Alger. — Révolution de 1830.

Le roi Louis-Philippe. — Fondation du royaume de Belgique. — Nouvelle intervention de l'Autriche en Italie. — Occupation d'Ancône par la France. — En Angleterre, chute du ministère tory et bill de réforme; en Espagne, défaite du parti carliste; en Portugal, chute de don Miguel; en Turquie, le sultan Mahmoud et le pacha d'Egypte. — Bataille de Nésib.

Traité de la quadruple alliance contre la France (1840). — Fortifications de Paris.

En Asie, les Anglais veulent conquérir l'Afghanistan, et les Russes le Turkestan. — Guerre de l'opium.

Conquête de la plus grande partie de l'Algérie par la France: prise de Constantine. — Guerre contre le Maroc et bataille d'Isly. — Soumission d'Abd-el-Kader.

En France, demande de réformes. — Révolution de Février 1848. — Proclamation de la République. — Le socialisme. — Bataille de juin. — Election du prince Louis-Napoléon comme président de la République. — Suites, pour l'Europe, de la Révolution de février 1848. — Soulèvement de la Lombardie et des Hongrois contre les Autrichiens. — Bataille de Novare. — Occupation de Rome par la France.

Rétablissement de l'Empire. — Napoléon III. — Guerre de Crimée : l'Alma et Sébastopol. — Congrès de Paris.

Guerre d'Italie : Magenta et Solférino. Annexion à la France de la Savoie et du comté de Nice.

Prise de Pékin par une armée anglo-francaise.— Conquête de la basse Cochinchine. — Expédition au Mexique. — Prise de Puebla. — Abolition de l'esclavage aux États-Unis.

Accroissement rapide, depuis 1815, de la puissance industrielle. — La science fournit de nouveaux moyens de production. — La vapeur et l'électricité sont mises au nombre des forces dont l'homme dirige l'application. — La richesse s'accroît dans des proportions et avec une rapidité jusqu'alors inconnues.

Progrès de l'agriculture : machines agricoles, reboisement, défrichement. — Développement de l'industrie et du commerce : institutions de crédit : facilités données au travail, traité avec l'Angleterre ; liberté commerciale.

Extension donnée aux travaux publics à Paris, Lyon, Marseille, etc.

Achèvement du réseau des chemins de fer et de la télégraphie électrique.

Amélioration des voies navigables. — Canal de l'isthme de Suez. — Paquebots transatlantiques.

Liens établis entre les nations par la solidarité des intérêts. — Expositions universelles. — Commissions internationales. Propagation du système métrique.

Caractère chrétien de la civilisation moderne : nombreuses institutions de bienfaisance. — Diminution du paupérisme et de la criminalité.

5° GÉOGRAPHIE PHYSIQUE ET POLITIQUE DU GLOBE.

(Extrait des programmes officiels de l'enseignement secondaire spécial.)

Notions générales et préliminaires. — Étude sur la mappemonde et notions élémentaires sur la sphère qui se rapportent à cette étude. — Étendue relative des terres et des eaux. — Les cinq océans, leur forme, leur situation. — Détroits qui les font communiquer, ou caps autour desquels ils se confondent ; courants maritimes ; mers secondaires ; grandes îles et presqu'îles, leur direction générale.

Ancien et nouveau continent. — Monde insulaire ou océanique. — Étendue relative des terres au nord et au sud de l'équateur. — Forme générale : ressemblances et différences des continents. — Direction des grandes chaînes de montagnes et des principaux fleuves. — Ce qui reste à découvrir sur le globe.

Géographie de l'Asie. — Étude physique et politique : limites générales. — Océans, mers, golfes et détroits, nature des côtes. — Iles et presqu'îles ; montagnes ; plateaux et dépressions.—Fleuves et lacs. – Principales races et religions.

États divers. — Royaumes, empires, colonies et possessions européennes. — Villes principales, centres politiques et commerciaux. — Ports ouverts aux Européens. — Productions agricoles, industrielles, manufacturières.

Géographie de l'Afrique. — Étude physique et politique. (Développements analogues à ceux indiqués ci-dessus pour l'Asie).

Géographie de l'Amérique. — Étude physique et politique. (Dévéloppements analogues à ceux indiqués ci-dessus pour l'Asie et l'Afrique.)

Géographie de l'Océanie. — Étude physique et politique : Malaisie, Mélanésie, Australie, Nouvelle-Calédonie, Polynésie et Micronésie. — Iles Sandwich. — Possessions européennes, Montagnes, fleuves, lacs. — Villes principales. — Productions. — Voyages des grands navigateurs.

Géographie de l'Europe. — Étude physique et politique détaillée de l'Europe : entrer dans des développements analogues à ceux indiqués ci-dessus, pour l'Asie, l'Afrique et l'Amérique ; de plus, étudier d'une manière distincte chaque État au point de vue de ses limites, de son orographie, des fleuves, versants et bassins, des canaux, des frontières de terre et de mer, des ports de guerre et de commerce, des routes ordinaires, des voies ferrées, de la population, de la religion, du gouvernement, des finances, de l'industrie, du commerce, de la puissance militaire et maritime, de la division du territoire au point de vue politique et militaire.

451. — Une commission centrale réunie à Paris classe les candidats et en forme la liste, en se renfermant dans le chiffre-limite que le Ministre fixe annuellement.

Cette commission apprécie d'abord les titres antérieurs des candidats par l'examen des dossiers, des folios de punitions, des notes qui leur ont été données; puis elle examine le mérite et le degré d'instruction des candidats au moyen des épreuves orales ou écrites auxquelles elle les soumet.

452. — Aussitôt après leur nomination à l'emploi de stagiaire, les sous-officiers sont rayés des contrôles des corps auxquels ils appartiennent, et immatriculés dans les sections des troupes d'administration avec le grade de sergent de 2e classe.

453. — Les élèves de cette école vont visiter toutes les semaines les grands établissements tels que les moulins de Billy et de Scipion, la halle aux vins, les abattoirs de Popincourt, le Conservatoire des arts et métiers, et herboriser dans la vallée de la Marne.

454. — A la fin de chaque session, ils sont examinés de nouveau sur les matières comprises dans le programme d'admission (450) et de plus, sur l'administration, la comptabilité commerciale, la botanique et la langue allemande. Les épreuves orales et écrites qu'ils subissent à cet effet sont appréciées par la commission centrale chargée du classement d'entrée. Cette commission après un nouvel examen des titres antérieurs, arrête le classement général par ordre de mérite des candidats admis.

455. — Pendant leur séjour à Vincennes les élèves sont mis en subsistance dans un corps de la garnison.

456. — A la fin du cours d'instruction, ceux qui ont satisfait aux examens (454) sont répartis dans les divers services selon l'aptitude dont ils ont fait preuve, et en tenant compte dans l'ordre du classement de sortie, des préférences qu'ils ont manifestées. Ils sont pourvus, au fur et à mesure des vacances, de l'emploi d'élève d'administration.

457. — Ceux qui ne satisfont pas aux examens de sortie sont renvoyés dans le corps où ils servaient précédemment.

III.

458. — Enfin il est fait à Paris un cours spécial aux officiers d'administration élèves vérificateurs du service de l'habillement et du campement.

Les cours sont faits aux Arts et métiers et à la Sorbonne et durent deux ans. Ils comprennent: dans la 1re année, des études théoriques sur les notions élémentaires de physique, de chimie, de mécanique, sur les généralités en matière de teinture et de blanchiment et sur les matières tinctoriales;

Dans la seconde année, des études pratiques sur les matières textiles végétales, les matières textiles animales, les cuirs, les peaux ou pelletteries, les bois, les métaux, la confection des effets en drap et en toile, des divers effets de coiffure, d'équipement et sur les passementeries. (*V. le programme du* 6 *novembre* 1869, *J. M. p.* 133.) A la fin des cours les élèves subissent un examen et sont nommés, s'il y a lieu, *vérificateurs*.

459. — Les dépenses de l'école d'administration de Vincennes sont payées moitié sur les fonds du service des subsistances (chap. 6, 2e partie, art. 2 du budget de la guerre), moitié sur ceux des hôpitaux (chap. 6, 3e partie, art. 2). Selon leur importance, elles sont comprises dans les frais d'exploitation des deux services de Vincennes, ou bien elles font l'objet d'un ordonnancement direct.

Celles de l'école des élèves vérificateurs sont imputées sur les fonds du service de l'habillement.

CHAPITRE XIII

RÉSUMÉ

des règles d'administration et de comptabilité des écoles militaires.

460. — Les écoles militaires considérées au point de vue administratif sont des établissements ou services régis par économie (1). Elles sont inspectées annuellement, sous le rapport de l'instruction militaire et sous celui de l'administration, comme les corps de troupe et les autres établissements de l'Etat.

461. — L'administration et la comptabilité sont confiées à des conseils semblables à ceux des corps de troupe, et qui, comme ces derniers, comptent de clerc à maître avec le Ministre de la guerre.

462. — Pour faciliter l'exploitation de ces établissements, le règlement du 3 avril 1869, après celui du 31 mai 1862, autorise les ordonnateurs à délivrer auxdits conseils des mandats d'avance pouvant atteindre 20,000 francs, sauf à en justifier l'emploi au trésorier-payeur général dans le délai d'un mois.

463. — Toutes les dépenses des bâtiments, d'achat de matériel, d'entretien, d'instruction proprement dite; les appointements des professeurs civils (2); les gratifications; les frais de nourriture et d'habillement des élèves, d'éclairage, de chauffage, etc., sont imputés au budget spécial des écoles (chap. XIV du budget de la guerre).

Il est fait exception à cette règle pour les écoles régimentaires du génie, de l'artillerie, de pyrotechnie et les écoles d'administration. (*V. ci-dessus, art.* 368, 395, 459.)

Le traitement des militaires attachés aux écoles et le supplément qui leur est alloué sont payés et acquittés sur les fonds du budget de la solde (chap. IV ou chap. VI, selon l'arme, du budget de la guerre), et comme dans les corps de troupe.

464. — En principe, aucune dépense n'a lieu sans l'autorisation ministérielle. Ainsi :

Les fournitures relatives à la nourriture, à l'entretien des élèves, au matériel d'instruction, au chauffage, à l'éclairage, enfin nécessaires au service de chaque établissement font l'objet de marchés passés avec publicité et concurrence ; c'est-à-dire d'adju-

(1) Excepté certaines dépenses des écoles régimentaires du génie. — V. ci-dessus, art. 368.

(2) Ils subissent la retenue déterminée par la loi du 9 juin 1853 sur les pensions civiles.

dications dont les cahiers des charges et les marchés qui en sont la suite doivent être approuvés par le Ministre de la guerre.

Quelques dépenses ne nécessitent pas une autorisation préalable du Ministre; elles sont déterminées par les règlements spéciaux à l'Ecole, règlements émanant du Ministre de la guerre.

465. — Les comptes à produire sont :

Pour les matières, un compte de gestion et un inventaire à la fin de chaque année, conformément aux prescriptions du règlement du 19 novembre 1871 et de l'instruction du 15 mars 1872. Les pièces qui appuient ces documents sont les mêmes que dans les autres services de la guerre; c'est-à-dire que les opérations à charge (entrées en magasin) sont constatées par des inventaires des procès-verbaux ou récépissés avec certificats de prise en charge, factures d'expédition, connaissements ou lettres de voiture, certificats administratifs; et que les opérations à décharge (sorties) sont appuyées par les ordres en vertu desquels elles ont eu lieu, les procès-verbaux ou récépissés, les factures d'expédition, les certificats administratifs tenant lieu de récépissés et de procès-verbaux. (*V. en outre art.* 33 *et suiv. du règ. du* 19 *nov.* 1871.) — V. 349.

Pour les fonds, deux sortes de comptes, savoir :

1° Ceux des traitements imputables soit au service de la solde, soit à celui des états-majors (chap. IV ou VI selon l'arme);

2° Ceux qui concernent les dépenses incombant au budget spécial de l'Ecole.

Les justifications des paiements sont :

En ce qui concerne les traitements : des états nominatifs dûment émargés pour les officiers, les fonctionnaires et les employés, des états numériques de journées dûment décomptés et quittancés, pour la troupe, et conformes à des modèles prescrits. Les dépenses de cette nature sont résumées trimestriellement dans une revue de liquidation dressée par le sous-intendant militaire chargé de la police administrative de l'Ecole.

Pour les indemnités, les salaires, les gratifications, des états nominatifs appuyés, le cas échéant, de l'approbation ou de la décision de l'autorité compétente. — 341.

Pour les secours, la quittance de l'ayant droit appuyée de la décision qui les a accordés.

Pour les fournitures, le marché, le cahier des charges et le procès-verbal d'adjudication s'il y a lieu, le certificat de réalisation de cautionnement, les mémoires, factures, quittances, le certificat constatant l'exécution du service ou de la fourniture : — En un mot, l'origine ou la cause de la dette, la preuve de la fourniture ou de l'exécution du service et la quittance du créancier. (*V. au surplus le n°* 23, *p.* 242 *et suiv. du J. M.* 1er *sem.* 1869.)

466. — Nous ajouterons ce détail pour complément :

Lorsque des militaires sont admis comme élèves aux écoles polytechnique ou spéciale militaire, le trésorier ou l'officier payeur du corps ou de la portion de corps à laquelle ils appartiennent dresse, en double expédition, au titre de l'établissement où ils passent, un bulletin de situation de leur masse individuelle. La somme formant l'avoir est versée dans la caisse du trésorier-payeur général qui en délivre mandat à l'ordre du caissier central du Trésor et payable au conseil d'administration de l'Ecole. Cette somme est acquise à l'élève qui en touche le reliquat à sa sortie, si d'ailleurs il a satisfait aux examens.

Le mandat et une expédition du bulletin sont envoyés au commandant de l'Ecole.

467. — Dans les écoles qui n'ont pas de conseil d'administration, les écoles normales, par exemple, la masse des élèves est administrée jusqu'à concurrence de la prime journalière, seulement, par le corps où ces élèves sont en subsistance.

A leur sortie, le reliquat est envoyé à leur corps en un mandat, ainsi qu'il vient d'être expliqué. — *V. en outre* 466, 48.

468. Exception. — A cause du peu de durée des cours de l'Ecole de tir, les hommes de troupe qui y sont envoyés sont administrés comme des subsistants ordinaires; c'est-à-dire que le rappel des journées de prime d'entretien de leur masse individuelle n'est fait qu'à leur retour au corps et sur la production du certificat n° 19. (*N. M.* 24 *avril* 1874, *J. M. p.* 425.)

APPENDICE.

Art. 60, pag. 17. Le programme d'examen pour l'admission au titre d'élève du service de santé militaire, des candidats sans inscriptions, a été inséré au *Journal officiel* du 17 avril 1874, page 2780.

Art. 64, pag. 18. Les demandes doivent être produites avant le 1er juillet.

TABLE ALPHABÉTIQUE.

NOTA. — Les numéros indiqués sont les premiers articles du sujet. Il convient donc, lorsqu'on s'y est reporté, de suivre la question dans tout son développement.

—«»—

PRIX :

LES ÉCOLES MILITAIRES	Fr. 1, 40	En France, ces ouvrages ne doivent pas être vendus au-dessus de ces chiffres.
Par la poste.	1, 70	
LE SERVICE MILITAIRE	1, 65	
Par la poste.	2, 00	

On peut adresser les demandes :

A l'Auteur, au 3e de ligne, à Nîmes (Gard).

ou à MM. les libraires ci-après :

A Nice (Alpes-Maritimes), S. C. Cauvin et Ce, 6, rue de la Préfecture.

A Toulon (Var), Rumèbe, sur le Port.

A Paris (Seine), Dumaine, 30, rue et passage Dauphine. — Plon et Ce, 8, rue Garancière. — Berger-Levrault et Ce, 5, rue des Beaux-Arts.

A Nancy (Meurthe-et-Moselle), Berger-Levrault et Ce, 11, rue Jean-Lamour.

A Châlons-sur-Marne (Marne), Cury, 3, place de Ville.

A Douai (Nord), Crépin, 23, rue de la Madeleine.

A Dunkerque (Nord), Vanderbussche, 4, rue des Capucins.

A Rennes (Ille-et-Vilaine), A. Leroy fils.

A Brest (Finistère), J. Robert, 41, rue Saint-Yves.

A Limoges (Haute-Vienne), Charles père, 16, rue Manigne.

A Nîmes (Gard), J. Ribès, 18, avenue Feuchères.

A Oran (Algérie), A. Alessi, place Kléber.

DU MÊME AUTEUR :

Le Guide du Fourrier, formulaire à l'usage des compagnies, escadrons et batteries de tous les corps de l'armée. — Prix : 3 francs. Par la poste, 3 fr. 50.

En vente chez M. Bonnaire, libraire, rue Gasparin, 23, à Lyon (Rhône), et chez tous les libraires.

www.ingramcontent.com/pod-product-compliance
Ingram Content Group UK Ltd.
Pitfield, Milton Keynes, MK11 3LW, UK
UKHW051021210726
13857UKWH00007B/1050

9 782012 860360